동아시아,
갈등을 넘어 협력으로

한·중·일 동아시아 연합 구상과 상호협력

제주평화연구원 공동학술회의 시리즈 ④

동아시아,
갈등을 넘어 협력으로
한·중·일 동아시아 연합 구상과 상호협력

인 쇄 ㅣ 2011년 8월 24일
발 행 ㅣ 2011년 8월 30일

엮은이 ㅣ 제주평화연구원
발행인 ㅣ 부성옥
발행처 ㅣ 도서출판 오름
등록번호 ㅣ 제2-1548호 (1993. 5. 11)

주 소 ㅣ 서울특별시 서초구 서초동 1420-6
전 화 ㅣ (02)585-9122, 9123   팩 스 ㅣ (02)584-7952
E-mail ㅣ oruem@oruem.co.kr
URL ㅣ http://www.oruem.co.kr

ISBN 978-89-7778-358-4   93340

※잘못된 책은 교환해 드립니다.
※값은 뒤표지에 있습니다.

이 도서의 국립중앙도서관 출판시도서목록(CIP)은 e-CIP홈페이지(http://www.nl.go.kr/ecip)와
국가자료공동목록시스템(http://www.nl.go.kr/kolisnet)에서 이용하실 수 있습니다.
(CIP제어번호: CIP2011003543)

제주평화연구원 공동학술회의 시리즈 ④

동아시아,
갈등을 넘어 협력으로

한·중·일 동아시아 연합 구상과 상호협력

제주평화연구원 편

Beyond Peace and Prosperity in East Asia

Edited by

Jeju Peace Institute

ORUEM Publishinig House
Seoul, Korea
2011

출간사

　동아시아는 안보문제에 있어서 잠재적 위협요소가 많은 지역입니다. 냉전시대 세계전략 차원에서 대립했던 미국과 러시아의 대결은 완화된 형태이지만 여전히 긴장감이 남아 있습니다. 새롭게 부상하는 중국은 핵무기와 미사일을 보유한 강대국으로 세계전략차원에서 동아시아에서 인도양 지역까지 독자적인 세력을 추구하는 과정에서 긴장이 생기고 있습니다. 중국의 경제적 팽창과 군사적 역할 확대는 일본의 대응을 초래하고 일본과 중국의 군비경쟁이 일어나는 양상을 보이고 있습니다. 2010년 9월 센카쿠/댜오위다오 열도를 둘러싼 중국과 일본의 영토갈등은 양국 간의 과거사 문제 그리고 중국의 부상으로 인한 동아시아 질서의 문제와 겹쳐지면서 갈등을 증폭하는 기폭제가 되고 있습니다.

　독도의 영유권에 대한 일본의 주장은 한국과 일본의 점진적으로 발전하고 있는 협력관계를 급진적으로 악화시키는 폭탄의 뇌관과 같은 주요 사안입니다. 한일관계에서 또 하나의 걸림돌은 과거사 문제에 대

한 일본의 국수주의적 인식입니다. 중국과 한국의 관계는 중국이 만주
(동북 3성)에 대한 영토주권에 대한 불안감에서 동북공정으로 불리는
한국 고대사를 왜곡하는 문제가 동아시아 평화에 위협이 되고 있습
니다.

한반도에서 지속되는 군사적 긴장상태와 북한의 핵개발과 미사일
실험으로 나타나는 군사적 모험주의는 동아시아의 평화와 안전에 가
장 시급하면서도 중대한 위협요인입니다. 안보리의 제재 결의안에도
불구하고 북한은 금강산 총격사건, 천안함 폭침사건, 연평도 포격사건
등 대화를 통한 협력보다는 군사적 위협을 통해 식량과 물자 지원을 관
철시키려는 무리수를 감행하고 있습니다. 중국과 대만의 양안 문제는
남북관계처럼 심각한 수준은 아니지만 군사적 긴장 가능성이 완전히
해소된 것은 아닙니다. 동아시아의 협력과 안보는 여전히 극복해야 할
무수한 난제에 직면해 있습니다.

동아시아는 이러한 안보의 위협에도 불구하고 큰 군사적 충돌 없이
지속적으로 발전해왔고 이를 바탕으로 21세기에는 정치와 경제 측면
에서는 세계의 중심으로 부상하려는 잠재력을 가지고 있는 것으로 판
단됩니다. 이와 동시에 다자외교에 있어서 유럽에 비해 역사적으로 부
정적인 평가를 받아왔지만 21세기에 접어들면서 활발한 움직임을 보
이고 있다는 점에서 동아시아 다자협력의 가능성은 점차 증가하고 있
습니다. 실제로 ASEAN+3으로 표출되는 한국, 중국, 일본의 다자협력
에 대한 관심의 고조와 경제분야의 협력을 추구하는 아·태경제협력
체(APEC), 정부 간의 다자안보협의체인 아세안지역포럼(ARF), 1.5트
랙의 다자안보협의체인 동북아협력대화(NEACD), 그리고 민간이 주도
하는 다자안보회의체인 아·태안보협력회의(CSCAP) 등 다양한 논의
가 진행되고 있습니다.

동아시아의 다자협력과 공동체 건설은 동아시아에 존재하는 안보위
협을 해소할 수 있다는 점에서 탈냉전 이후 동아시아 평화와 안보를 위

한 새로운 대안으로 부상하고 있습니다. 이러한 동아시아 국제관계의 현실은 제주평화연구원이 앞으로 수행해야 할 연구의 중점을 지적해 주는 시금석이 된다고 판단됩니다. 이번 동아시아국제정치학회와 공동으로 주최한 국제학술회의는 동아시아 공동체를 위한 학술적 노력의 일환이자 지방에서 바라보는 동아시아 다자협력의 전망을 논의하는 자리였던 점에서 큰 의미를 가집니다. 바쁜 일정 중에도 현직으로 재직하던 시절부터 동아시아 평화와 안보를 위해 노력하신 한승주 전 장관님의 기조연설에 감사드립니다. 이번 회의를 위해 많은 노고를 아끼지 않으셨던 조경근 회장님께도 깊은 감사를 드리며 귀한 연구 결과가 단행본으로 출판될 수 있도록 허락해주신 발표자 및 필진 여러분께 깊은 감사를 드립니다.

　마지막으로 제주평화연구원의 연구총서를 출판하는 데 항상 깊은 관심과 애정을 기울여주시는 도서출판 오름의 부성옥 사장님과 직원분들에게도 이 자리를 빌어 깊은 감사의 뜻을 전합니다.

2011년 8월
세계평화의섬 제주에서
제주평화연구원 원장, 한태규

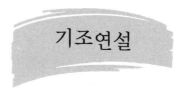

격동하는 동북아시아와 우리의 대책(對策)

한승주 | 고려대학교 명예교수

먼저 몇 가지 질문을 제기하고 그에 대한 대답을 중심으로 오늘의 주제, "격동하는 동북아시아와 우리의 대책"에 대한 말씀을 드리겠습니다.

최근 들어 미중 간의 경쟁과 갈등 현상이 두드러지고 있습니다. 세계의 최강으로 등장한, 미·중, 즉 주요 2개국(G2)시대의 최근 움직임을 어떻게 보아야 하는가?

우리나라가 주요 20개국(G20) 정상회의를 주관하고 있기 때문에 하는 얘긴데 G20을 하면서 도리어 G2의 모습이 더 나타나고 있지 않나 생각합니다. 지난 2010년 10월 23일 경주에서 열린 G20 재무장관회의에서 국제통화기금(IMF) 지분 문제가 합의됐는데, 그 결과를 놓고 보면 환율 문제와 관련해서 시장결정적 환율제도라든지 경상수지와 관련된 환율 결정부문엔 미국이 이득을 취했고, IMF지분 문제와 관련해선 중국이 이득을 취했습니다. 미국과 중국이 갈등하는 것이 아니고 서로 협력함으로써 손해나지 않는 협상을 한 것인데, 그 과정에서 주요 7개국(G7)에 속하는 나라들, 특히 일본과 독일 등 유럽국가들의 이해관계가 희생됐다고 볼 수 있습니다. G20이 G2를 극복하는 것이 아니라 결과적으로 G2를 더 부각시켜주는 결과가 된 것입니다. G20과 G2는 경쟁관계가 아니라 서로 보완시키는 국제체제라 볼 수 있는데 그러한 과정 속에서 우리가 해야 할 역할이 무엇일까를 모색해보는 게 필요할 듯합니다.

그렇다면 21세기 전체를 내다볼 때 미국파워와 중국파워의 추이는 어떻게 될 것인가?

미국과 중국의 관계가 꼭 경쟁과 갈등의 관계만은 아닙니다. 거기에는 포지티브 섬 게임적인 측면이 굉장히 많습니다. 우리로선 양국관계가 그렇게 가는 것이 우리에게도 이익이 되니까 그러한 협력관계로 나아갈 수 있도록 역할을 하는 것이 중요합니다. 이번에 G20 의장국으로서 우리가 그러한 기회를 갖게 됐고 잘 활용할 것으로 보는데, 의장국은 한 번 하고 나면 다른 나라가 맡기 때문에 그것에 안주하거나 연연해 하지 말고 다른 역할과 방향을 모색해야 한다고 생각합니다. 21세기 미중파워와 관련해 양국의 국가총생산(GDP) 추이를 보았더니 올해 미국은 15조 달러, 중국은 약 5조 달러입니다. 일본 GDP는 5조 달러가 채 안 됩니다. 그러니 중국이 세계 2등이 된 것입니다. 미국과 중국의 경제 성장률이 연간 약 6% 차이만 나면 앞으로 20년 이내에, 즉, 2030년에 중국이 미국을 GDP면에서 따라잡을 수 있을 것입니다. 그것이 꼭 중국이 미국보다 더 강한 국가가 된다는 말은 아닐 수 있습니다. 그러나 중국이 그러한 경제력을 군사력이나 정치력에 활용할 것으로 봅니다. 최근 센카쿠 문제에서 나타났던 것처럼 중국의 행태는 미국에 도전이 되고 주변국에도 경각심을 불러일으키는 게 사실입니다.

일본이 G2 자리에서 G3으로 밀려나면서 중·일 갈등이 전방위적으로 나타나고 있는데 이것이 한반도에 미칠 영향에 대해선 어떻게 보아야 하는가?

우선 중·일 관계를 보면 GDP 총액을 포함한 여러 가지 면에서 이미 중국이 일본을 앞질렀고 앞으로 계속 격차는 커질 것으로 봅니다. 중국은 또 경제력과 자본을 활용해서 외교적으로 일본을 압박하는 움직임도 시작했습니다. 그렇다면 일본으로서는 다시 미국에 의존하고 미국과 가깝게 지내야 한다는 결론에 도달할 수밖에 없습니다. 미국의 입장에서는 경제면에 있어서는 중국과 협력하고 안보면에선 한국 및 일본과 협력하려는 구조로 갈 것입니다. 이렇게 볼때 미국의 입장에선 중국과의 관계가 경쟁과 협력 두 가지 측면이다 있는 것입니다. 한국의 경우, 중국과 일본 사이의 경쟁이 심화되는 것을 어떻게 봐야 할 것인가가 문제인데, 우리는 그동안에 일본과 중국 간 택일해야 하는 입장이 아니었습니다. 다만 미국을 통해 일본과 우방국 입장을 취해 왔습니다. 그렇다고 해서 우리가 중국에 적대적 관계가 될 필요는 없는 것이고, 미국이 그런 측면에서 우리에게 심각한 딜레마를 줄 것이라고 생각하지는 않습니다. 우리는 미국과의 동맹을 유지, 강화하면서 중국·일본과도 좋은 관계를 유지할 수 있다고 보는데 여기에는 외교적·정치적 노력이 필요합니다. 미국은 물론 중국도 우리에게 양자택일하라는 식의 요구는 하지 않을 것이라고 생각합니다. 결정적으로 미국과 가까워짐으로 해서 중국과 적대적 관계가 된다든지, 중국과 가까워진다 해서 미국과 싸우는 관계가 된다든지 하는 생각은 할 필요가 없습니다.

미 · 중 · 일 삼국지가 본격화하는 상황에서 한국의 대응법은 무엇인가?

노무현 정부 당시에는 한중관계를 강화시키기 위해 한미관계가 좀 중립적이 되어야 한다는 경향성이 두드러졌던 게 사실이었습니다. 문제는 중국 지도층의 사고 방식입니다. 경제면에서는 실용적이고 국제적으로 상호의존적인 것을 인정하는 입장이면서도, 외교나 정치면에서는 냉전시대의 편 가르기식 태도를 여전히 보이는 경향이 있습니다. 한미동맹은 냉전의 유산이라는 중국 외교부의 설명이나, 6 · 25는 정의의 전쟁이라는 시진핑 부주석의 발언이 대표적입니다. 그러한 면에서 한반도 통일문제 등에 대해 중국을 설득시키기가 상당히 어려운 현실이 아닌가 생각됩니다. 우리로서는 인내심을 갖고 한반도 통일이 중국의 장기적인 이익에 위배되지 않는다는 것을 설득시키는 작업이 필요하다고 봅니다. 한 · 중, 한 · 중 · 일 자유무역협정(FTA) 등이 그런 면에선 중국과 우리의 관계를 정치외교적으로도 강화시키는 데 도움이 되는 것이라고 생각합니다.

그렇다면 중국의 국력과 정책에 대하여 집중적으로 생각해 보겠습니다. 중국은 천안함 사건과 관련해 북한을 옹호 내지 최소한 북한에 책임 추궁을 하지 않는 입장을 취했고, 김정은의 3대 세습을 받아들이는 입장을 취했습니다. 안보면에서는 심지어 미 · 일, 한 · 미 동맹에 대항하여 북한, 러시아 등과 제휴하는 냉전적 동맹권 간의 대결로까지 가는 양상을 보이고 있습니다. 1990년대 이후 중국은 증강된 국력을 배경으로 동아시아와 인도양 지역으로 점차 영향력을 확대해 나갔습니다. 이에 대해 미국은 동아시아 제1의 해양강국 일본, 지정학적 요충지에 위치한 한국, 같은 앵글로 색슨 맹방인

호주 등과의 동맹을 강화하는 방법으로 대처해 왔습니다. 특기할
만한 것은 최근 여기에 중국의 역사적 라이벌들인 서남아의 인도와
동남아의 베트남이 추가되었다는 사실입니다.

중국은 그동안 도광양회(韜光養晦)의 정책을 통하여 힘을 숨기고
경제적인 실력을 길러 왔습니다만, 이제 돌돌핍인(咄咄逼人)정책으
로 힘을 과시하고 경제적인 레버리지(leverage)를 이용하여 정치외
교적인 압력을 가하는 정책도 구사하고 있습니다. 최근 중국의 선
박이 센카쿠/댜오위다오 열도 수역에서 일본 순시선을 들이받고
선장이 연금되었을 때 전방위적인 경제적 압박을 가하여 일본을 굴
복시켰던 것이 그 좋은 예라고 하겠습니다. 중국은 이제 경제력을
활용하여 국민의 민족주의적 욕구를 충족시키고, 정치외교적 목표
를 달성시키려 하고 있습니다.

중국의 또 다른 목표는 북한과 관련된 것입니다. 중국은 북한이 천
안함 사태를 일으키고, 핵무기를 개발·보유하고, 핵실험, 미사일
실험들을 통해 동북아의 안보와 긴장을 조장함에도 불구하고 북한
을 포용하고, 두둔하고, 지원하는 정책을 채택해 왔습니다. 중국은
북한이 핵무기를 보유할 망정 정권이 붕괴되어 불안정이 오는 것보
다는 현상유지가 유리하다고 판단하여 북한의 경제회복과 정권 승
계 구도를 지원·승인해줌으로써 북한 정권의 존속을 유지하고 북
한에 대한 영향력을 확보하기 위한 정책을 추구하고 있습니다.

후진타오(胡錦濤)와 시진핑(習近平) 등 중국 지도부가 김정은의 3
대 세습에 대해 보여준 태도도 이러한 시각에서 해석해야 합니다.
후진타오는 북한 노동당 창당 65주년 기념일을 하루 앞둔 2010년
10월 9일 김정일 앞으로 "양국 우의가 대대로 이어지기를 축원한

다."라는 요지의 축전을 보냈습니다. 중국은 북한이 붕괴하는 것도, 한반도에서 전쟁이 일어나는 것도, 북한이 핵무기를 개발 보유하는 것도 원치 않습니다. 그러나 지금은 북한 정권을 유지하고 북한에 대한 영향력을 확보 강화하는 것에 집중하고 있습니다. 이것이 중국이 북한을 감싸고 보호자 역할을 자임하는 이유입니다.

북한은 세계제국(world empire) 미국이나, 급격히 부상하고 있는 중국 모두에게 전략적으로 매우 중요한 나라(entity)입니다. 당장은 아니겠지만, 천안함 문제가 출구를 보이고, 북핵문제 해결에도 어느 정도 성과가 있을 경우, 미국은 북한과의 관계를 개선해 나갈 가능성이 있습니다. 미국은 지금 남북한 관계가 개선되면 6자회담에 나가겠다고 말하고 있습니다. 이것은 한국이 천안함 사건 해결을 조건부로 삼지 않으면 미국도 그 문제는 우회할 수 있다는 말이 되겠습니다.

그러나 미국은 북한과 관련된 중국의 핵심이익은 건드리려 하지 않을 것입니다. 북한이 2010년 9월 UN 총회 연설에서 핵무기 포기 의사가 없다 하는 한편, 한국과 미국을 비난한 것은 역설적으로 한국 및 미국과의 강력한 관계 개선 의사 표명으로 보아야 합니다. 미국통인 강석주의 부총리 승진도 이러한 시각에서 해석할 필요가 있습니다. 북한이 2010년 10월 16일에 6자회담 재개 용의를 다시 밝힌 것도 동일한 맥락에서 볼 필요가 있습니다.

미국이 2010년 11월 2일 중간선거 이후 천안함이나 북핵문제와 관련 북한과 타협하는 방향으로 전환할 경우, 북한은 미국, 중국, 한국, 일본 등이 참가하고 있는 동북아 전략게임에서 상당히 유리한 위치를 차지할 것입니다. 1950년대부터 1980년대까지 중국과 소련 사이에서 줄타기 외교를 성공적으로 수행했으며, 6자회담에서도 효과적으로 대처해 온 북한은 전략게임에 매우 능하다고 보아야 할 것입니다.

중국은 북한의 붕괴가 만주의 불안정과 나아가 중국사회 전체의 불안정으로 이어지고, 중국에 적대적인 세력이 압록강-두만강 선까지 진출하게 되는 것을 극도로 우려하고 있습니다. 중국은 한반도에 사활적 이해관계를 갖고 있습니다. 세계화(globalization)의 혜택을 가장 많이 보았으며, 점차 체제를 전환해 나가고 있는 현재의 중국은 1950~80년대와 같이 북한을 반드시 순망치한(脣亡齒寒)의 시각으로만 바라보고 있지는 않지만, 미국을 비롯한 해양세력의 절대적인 영향력하에 있는 한국에 의한 일방적 북한 흡수통일은 용인하기 어려울 것입니다.

중국의 대한국 외교정책의 기본방향은 한국을 미·일 동맹으로부터 격리시키는 것입니다. 2008년 5월 27일 베이징에서 개최된 한·중 정상회담에서 양국은 한·중 관계를 전략적 동반자 관계로 격상시키기로 합의했습니다. 정상회담 개최에 앞선 5월 17일과 19일 두 차례에 걸쳐 중국 외무성 대변인은 한·미동맹을 '냉전의 유물'이라고 폄하했습니다. 중국은 20세기 말까지는 한·미동맹이 일본의 군사력 부활을 견제하는 긍정적 요인으로 간주하였으나 근래에는 중국견제용, 중국에 대한 위협으로 부정적인 시각을 가지게 되었습니다.

일본은 2년 전 하토야마 정부가 집권한 이후 미국에 대한 의존 관계를 재검토하여 좀 더 "독자적인" 대외관계를 구축하려는 모습을 보였으나, 그 후 여러 가지 이유로 미국에 대한 의존관계를 심화시킬지언정 감축하지는 못할 것으로 관측되고 있습니다. 그 첫째는 중국과의 경쟁에서 일본이 자꾸 뒤지고 있다는 사실입니다. 2010년 현재로 국민 총 소득(GDP)이 중국에 뒤지기 시작하여 (약 5조 달러 대 4.8조 달러) 앞으로 그 격차가 더 늘어날 전망이라는 사실입니다. 무역 총량도 중국이 훨씬 앞서 있습니다. 2009년 기준으로 중국의 무역 총액은 2.2조 달러, 무역 흑자는 2,000억 달러에 달했습니다. 이에 비해 일본의 무역 총액은 중국의 반에 해당하는 1.1조 달러, 무역 흑자는 280억 달러에 그쳤습니다. 외환 보유고도 금년 9월 현재 중국의 2.45조 달러에 비해 일본은 그 절반 정도인 1.1조 달러에 불과합니다. 참고로 한국은 3,000억 달러에 미치지 못합니다. 또한 중국은 핵무기와 ICBM 등 미사일 시스템을 보유하고 있으며 유엔에서는 안보리 상임이사국입니다.

둘째로 일본이 외교문제(특히 영토 분쟁)에서 중국과 러시아의 협공을 받고 있다는 사실입니다. 지난 8월 센카쿠/댜오위다오 열도 분쟁에 이어 지난 (11월) 1일에는 러시아의 드미트리 메드베데프 대통령이 러시아 최고 국정책임자로는 처음으로 분쟁 지역인 쿠릴 열도(쿠나시리 섬)를 방문하여 러시아가 일본의 북방영토 문제에 전혀 양보할 의사가 없음을 천명하였습니다.

이러한 상황에서 일본은 미국과의 동맹을 강화하는 한편 북한의 핵무기와 미사일에 대한 대처를 구실로 보통국가화와 함께 핵무장을 고려할 수 있게 되었습니다. 일본은 평화헌법 등 법적 · 정치적 장애요소를 감안하더라도 유사시 반 년이면 핵무기를 개발, 1년이면 실전 배치를 할 수 있는 능력을 이미 가지고 있습니다(50톤 이상의 플루토늄도 보유하고 있는 것으로 알려져 있습니다). 세계 4위의 군사력을 확보하고 있는 일본은 이미 오래 전에 화성탐사선을 발사

할 정도로 세계적 수준의 우주항공기술을 가지고 있기도 합니다. 일본의 일부 지도자들은 북한의 핵무장과 중국의 급부상이라는 동북아 정세의 변화에 대응하여, 평화헌법 개정을 위한 환경을 조성해 나가려는 움직임도 있습니다. 센카쿠/댜오위다오 열도 사건을 통해서도 알 수 있듯이 중국이 부상함에 따라 극도의 위기의식을 갖게 된 일본 지도부는 중국을 견제하고, 동아시아 지도국으로서의 위상을 유지할 수 있는 군사력의 증강을 꾀할 수 있습니다. 동시에 미·일 동맹 강화에도 박차를 가할 것입니다.

미국의 대북한 정책도 상당한 딜레마를 내포하고 있습니다. 애초 오바마 대통령은 당선된 직후 적대국이라도 손을 내밀어 악수를 할 용의가 있다는 것을 천명했습니다. 그러나 북한은 핵무기 개발과 핵무력 보유에 집착하여 미사일 실험, 2차 핵실험 등으로 유엔 안보리의 제재 결의안을 유도하고 6자회담도 완전히 중단시켰습니다. 이제 금강산 총격 사건, 천안함 사건 등으로 인해 한국과 미국의 대북 지원이 끊기게 되자 북한은 이산가족 상봉, 6자회담 등을 미끼로 남북대화, 미북대화의 가능성을 유도하고 있습니다. 북한이 지금 남한과의 대화를 추구하는 듯한 모습을 보이는 이유는 몇 가지로 추측해 볼 수 있습니다.

첫째는 북한이 식량과 물자 부족을 보충하기 위한 것입니다. 수해와 흉작으로 결손된 식량을 메우고 필요한 건설자재 및 기자재를 확보하기 위한 것입니다. 둘째는 중국을 무마하기 위한 것입니다. 중국은 북한을 옹호하고 지원하는 대신 북한에게 6자회담에 복귀하고 남한과의 대화를 재개하도록 종용하는 입장입니다. 셋째, 한국의 이명박 정부를 곤란하게 만들고 남남갈등을 유발하기 위한 것입니다. 한국 정부가 북한의 대화 의지에도 불구하고 강경 정책을 고수한다는 인상을 줌으로써 남한 정부의 입지를 약화시키겠다는 의도인 것입니다. 어쨌든 이러한 북한의 태도는 핵문제 해결을 약속하지는 못하면서 한국과 미국에 정책적 고민을 주는 것은 사실이라고 하겠습니다.

미국으로서 (한국으로서도 마찬가지) 정책적 딜레마는 북한의 전략이라는 것을 알면서도 6자회담에 복귀할 것이냐 하는 것입니다. 북한의 6자회담 재개 제의를 수락하면 천안함, 핵실험 등과 관련 북한에 면죄부를 주는 것 같은 모습을 보이게 될 것이며, 6자회담을 거부하고 북한에 대한 제재를 계속한다면 그나마 북핵문제를 논의할 기회를 포기하는 것이며 북한을 더욱 중국의 영향권 속으로 밀어 넣는 결과를 가져올 것이기 때문입니다. 결국 미국은 6자회담을 포함한 미·북 간의 접촉을 남북대화에 연계시켜 그 것을 전제 조건으로 삼음으로써 한국의 결정에 따르겠다는 의사를 나타내고 있습니다.

오바마가 북한 핵문제를 보류(park)할 것으로 볼 것인가, 뒷전(back-burner)에 놓아둘 것으로 볼 것인가?

선거운동 중 오바마가 비확산, "Tough and direct diplomacy(터프하고 직접적인 외교)"를 강조했지만 위기의식은 없었을 것입니다. 1993년 3월에 비해 (당시 북한은 단지 NPT를 탈퇴하겠다고 했음) 지금 훨씬 더 심각한데도 불구하고(핵무기 실험, NPT 탈퇴, 핵무기 보유 공언 등) 지금이 "위기"라고 소리 지르는 사람은 없었습니다. 미국은 경제(금융)위기, 이라크, 이란, 아프간 문제 등 산적한 현안들로 인해 오바마 행정부는 자칫 북핵문제 해결에 적극성을 보이기보다 북한이 기존의 핵능력을 더 이상 확대시키지 않도록 하는 '관리'에 집중할 가능성을 배제할 수 없으므로 철저한 대북공조를 통한 북핵 '해결'을 지속적으로 강조해 나가야 합니다. 즉, 미국이 북한에 대하여 'bold initiative' 등으로 너무 앞서 나가는 것도, '관리 위주'로 너무 소극적인 것도, 피하도록 해야 하는 어려운 과제가 있습니다.

이와 관련, 한미 양국에서는 미국 정부가 북한의 핵무기 보유를 막을 수 없다면 그것을 어느 선에서 인정하는 것이 아니냐는 우려가 일어나고 있습니다. 로버트 게이츠 국방장관은 *Foreign Affairs*의 지난 2008년 기고에서 "북한이 몇 개의 핵폭탄을 만들었다"고 했습니다. 또 미국 국방부 산하 합동군사령부의 한 보고서에서도 태평양지역 핵국가로 중국, 러시아, 인도, 파키스탄, 북한을 꼽았습니다. 워싱턴 포스트는 이러한 표현을 북한이 반길 것이라고 꼬집었고, 실제로 북한은 이것이 핵 보유국 북한을 인정한 것이라고 환영했습니다.

그러나 미국은 이것이 북한의 핵무기 보유를 승인(approve)하거나 공인한 것이 아니고 다만 그 사실을 인정(recognize)한다는 것입니다. 즉 북한을 핵 보유국으로 간주(consider)한다는 것인데 왜 그렇게 호들갑을 떠는지 이해를 못 할지도 모릅니다. 실제로 이것은 미국이 북한의 핵 보유국임을 인정하는 것이라기보다는 북한의 핵무기 위협을 강조하기 위한 것이라고 생각해야 할 것입니다. 그럼에도 불구하고 그것은 첫째, 북한이 핵무기를 보유하고 있다는 것, 둘째, 그것을 포기시키는 것이 실현성이 없다는 것을 자인하는 것으로 볼 수 있습니다. 사실 미국의 조야에는 끈질긴 협상에도 불구하고 북한이 핵무기를 포기할 가능성은 별로 없다는 생각이 팽배해 있습니다. 따라서 완전한 비핵화(denuclearization)보다는 북핵의

관리(핵활동 동결 내지 부분적 불능화, 협상 지속, 상황파탄의 방지)
에 집중하려는 경향이 있습니다.

한편, 핵문제의 교착과 함께 우리는 남북관계의 경색을 우려하고
있습니다. 북한은 2008년 금강산에서 우리 관광객을 사살한데 이어
금강산 관광의 중단을 자초하고, 개성관광·철도·전통문을 단절
하고, 개성 공단의 남측 상주인원을 대폭 삭감(4,100에서 880명으
로)하고 왕래를 제한하는 등 완강한 태도를 보였습니다. 북한의 손
실을 보자면, 월 300만 불을 벌어들이는 금강산 관광과 월 100만 불
을 벌어오는 개성관광의 중단을 감수하였습니다. 그렇지만 임금으
로만 월 300만 불에 가까운 금액을 벌어들이는 개성공단은 감히 폐
쇄하지 못했습니다.

1990년 이후 북한의 행태를 보면 두 가지가 두드러집니다. 하나는
미국과의 관계 개선을 추구해 왔던 것과, 두 번째는 미국과의 관계
가 좋아지면 한국과의 관계가 소원해지는 경향이 있었습니다.

북한은 1991~92년간에는 (기본합의, 비핵 공동선언 등) 남한과의
관계 개선을 꾀하였습니다. 1992년에는 일본과의 관계 개선을 추
진하였고, 1993~2000년까지는 미국과의 대화·관계개선에 집중을,
2000~2007년까지는 한국(김대중, 노무현 정부)과 가까워졌습니다.
2007년부터는 미국과의 관계개선에 집중하였고, 이명박 정부 출범
이후에는 더욱 미국과의 관계개선에 박차를 가했습니다.

이 과정에서 식량 등 문제에 있어 미국이 북한에 지원을 재개하자
한국으로부터의 지원에 대해 거부적인 입장을 표명했습니다(2007
년 3월 미국의 500,000톤 식량 지원 결정 이후 한국 식량 지원 거부).

한국의 진보파들은 이명박 정부의 강경한 태도가 북의 분노를 자아 냈다고 비난했습니다. 그러나 북한은 그 나름대로의 이유—강경파 의 득세, 체제 보호, 김정일의 건강악화 등—때문에 남측에 대해 비 타협적인 태도를 보이고 있습니다.

북한이 "통미봉남"정책을 일관성 있게 추구하는 이유는 무엇인가?

1) 정권 보호—남한으로부터의 위험한 영향 배제하는 것, 2) 남남갈 등 유발, 3) 남측(이명박 정부)의 입장을 약화시킴—강경책 때문에 남북관계 악화된다는 여론 형성, 4) 한국과 미국 사이의 갈등 유발, 5) 최근의 남북관계 경색은 김정일의 건강과도 무관하지 않을 것으 로 판단하는 것을 그 이유로 볼 수 있습니다.

북한으로서 미국과의 관계개선은 가장 큰 정치적 상패(political trophy)이지만 그것을 위하여 어떠한 대가를 치를 용의가 있느냐는 확실치 않습니다. 다만 북한이 북미관계 정상화를 위해 핵을 완전 히 포기하지 않으려 할 것이라는 점은 명백한 것으로 보입니다. 또 미국에서도 대체로 그렇게 생각하는 것으로 보입니다.

"6자회담은 미끼 토끼인가?"

따라서 문제는 미국이 핵을 포기하지 않는 북한과 어느 정도까지의 관계를 가질 것이냐 하는 점입니다. 이 문제에 대한 답을 내는 과정 에서 우리는 미국과 긴밀한 협의를 가져야 할 것이고, 그것에 중심 적인 역할을 할 수 있어야 합니다. 실제로 한미 간의 가장 큰 과제 는 협의(consultation)라고 생각합니다. 이는 한국과 미국 간의 정부 간, 민간 간, 또 민관 공동으로 추진되어야 합니다.

북한에게는 어떠한 시나리오들이 가능한 것인가?

그 하나는 김정일 · 김정은 정권의 종식과 그에 따른 혼란, 그리고 통일을 포함한 새로운 남북 관계의 형성을 생각해 볼 수 있습니다. 독일식 통일이 그 예라고 하겠습니다. 두 번째 가능성은 김정일 · 김정은 정권에 이은 군부 등이 이끄는 새로운 정권의 탄생을 상정할 수 있습니다. 가능성이 많은 시나리오라고 생각합니다. 셋째, 김정일의 출거(exit) 후 김정은을 최고위자(figure-head)로 하는 새로운 독재정권의 탄생도 가능합니다. 이것은 두 번째 시나리오와 대동소이한 결과가 될 것입니다. 네번째, 북한에 실용적이고 온건한 집단이 집권하여 남북한 간 활발한 교류와 협력이 이루어질 가능성입니다. 가능성이 큰 것은 아니나 중국으로서는 가장 바람직한 시나리오이기 때문에 한국과 미국이 중국과 함께 이러한 시나리오를 추진해 보는 것도 좋을 것입니다. 끝으로 북한의 오판으로 한반도에 전란이 발발하는 경우입니다. 현재 상황에서 한미 동맹이 굳건하고 중국이 북한을 견제하는 상황에서 이러한 시나리오의 전개는 가능성이 극히 작지만 북한이 절박한 상황에서 벗어나기 위해, 또는 모험주의가 분쟁을 증대(escalate)시킴으로써 본의 아니게 전란이 커질 수도 있습니다. 이러한 가능성은 철저하게 봉쇄해야 할 것입니다.

북한의 3대 세습은 성공하지 못할 가능성이 큽니다. 김정은에 대한 지지결여, 리더십 경험과 검증 결여, 세습정권의 한계, 핵무기 문제, 정치적 제약 등이 그 이유입니다.

1990년의 독일 통일도 인근의 라이벌들인 영국과 프랑스의 저항과 반대에도 불구하고, 콜(Helmut Kohl) 수상과 겐셔(Hans-Dietrich

Genscher) 외상 등 서독 지도자들의 강력한 의지와 효율적인 외교, 그리고 미국과 소련의 대타협으로 성사될 수 있었습니다. 세계는 결코 서울과 평양을 중심으로 돌아가지 않습니다. 북한핵이나 천안함, 남북통일 문제도 마찬가지입니다. 국제정치 현상은 국가와 국가 간 작용과 반작용, 갈등과 협상, 타협의 산물입니다. 한반도의 장래는 워싱턴과 북경, 동경, 모스크바 간 협상과 타협이 영향을 미칠 가능성이 큽니다. 이것이 우리에게 유리하게 결정되느냐, 혹은 불리하게 결정되느냐는 한반도의 주인인 우리의 능력과 의지, 대외정책의 방향에 좌우될 것입니다. 우리는 주변 4강과 긴밀한 대화와 협조를 통해, 또 북한에 대한 참을성 있는 남북한 간의 실질적 대화 교류를 통해 한반도의 평화와 안정, 그리고 궁극적으로 통일을 추구해야 할 것입니다.

차례

제2부 동아시아 경제협력체 구상

제3부 동아시아 사회문화협력체 구상

제1부

동아시아 정치안보협력체 구상

제1장
동북아 다자안보협의체 구상:
이론적 고찰[*]

이인배_대통령실 외교안보수석실 선임행정관

I. 서론

한국 정부의 외교안보전략에 있어서 거의 유일하게 정권 교체와 관계없이 지속적으로 정책적 목표의 하나로서 제시되는 구상 중 하나가 동북아 다자안보협의체이다. 노태우 대통령시절부터 제시되기 시작한 동북아 다자안보협의체 구상은 현(現)정부에 이르러서도 여전히 그 필요성이 인정되고 있다.

동북아 다자안보협의체 구축 필요성 제기의 이유는 동북아 안보 환경에서 찾을 수 있다. 최근 천안함 폭침 사건 이후 서해안에서의 한미 군사훈련에 대한 중국의 반발, 일본의 중국어선 나포(2010. 9. 7)로 촉발된 일본과

---

* 본 글은 이인배, 『동북아 평화공동체―협력안보의 모색』(파주: 한국학술정보, 2005)
에서 다룬 이론적 논의 부분(제4장)을 본서의 취지에 맞게 수정 · 보완한 것이다.

〈표 1〉 한국 정부의 다자안보협의체 구상

시기	제안	비고
노태우 정부	• 동북아 평화협의회 제안(1988. 10)	
김영삼 정부	• Mini-CSCE 형식의 동북아 안보협의체 구상 제안(1993. 5) • 동북아다자안보대화(NEASED) 제안(1994. 5)	* NEASED는 현재 6자회담 참여국과 회원 동일
김대중 정부	• 헬싱키 선언 처음 동북아 6개국 선언 채택 구상 중국 측에 전달(1998. 2)	* 김대중 정부 출범을 앞두고 김종필 자민련 명예총재가 특사 자격으로 중국 방문
노무현 정부	• 동북아 균형자론 제시(2005. 3)	* 출범 초기 동북아경제위원회를 동북아시대위원회로 개편(2004. 6)
이명박 정부	• 이명박 정부의 외교안보 비전과 전략(2009. 3)	* 동북아 다자간 안보협력체제 활성화 필요성 지적

중국 간의 센카쿠(尖閣) 열도[중국명 댜오위다오(釣魚島)]를 둘러싼 갈등 등으로 표현된 불안정 상황이 반복적으로 나타나고 있기 때문이다. 냉전시기 이후 역내 국가 간의 경제, 문화적 교류는 진영 논리를 무색해할 정도로 활발함에도 불구하고 안보 분야에 있어서 만큼은 여전히 냉전기의 행태가 반복되고 있다.

다시 말해 현재의 동북아 안보 정세는 한국과 미국, 일본과 미국, 그리고 중국과 북한, 러시아와 북한 간의 군사적 동맹 관계 또는 동맹 수준의 양자 안보 관계를 축으로 형성되어 있다. 이러한 상황은, 현실주의적 접근법은 세력균형을 어떻게 유지시킬 것인가? 패권국으로서 미국의 역할은 무엇인가 등을 주로 다루게 된다. 이러한 분석은 현실 해석에 있어서는 강점을 갖는다고 볼 수 있다. 그러나 이러한 분석과 대안은 동북아의 현재 상태를 유지시킬 수는 있으나, 국가들 간의 관계 개선을 통한 위협 요소의 감소에는 소극적일 수밖에 없다.

따라서 동북아에서의 안보 상황을 개선시키기 위한 대안을 모색함에 있어서, 안보에 대한 새로운 인식과 접근이 요구된다. 즉 안보의 대상을 국가에 한정하지 않고 국민의 안위와 복지, 그리고 국민의 요구에 부응할 수 있는 상황의 확보라는 차원에서 안보를 인식해야 할 것이다. 또한 위협 요인에 대해서도 외부로부터의 잠재적 또는 현실적인 군사적 위협과 함께 국가 내부의 국민의 생활에 악영향을 미칠 수 있는 요소들 예를 들어, 환경, 마약, 테러 그리고 경제위기 등을 포함하는 포괄적 위협 요소들도 다루어져야 할 것이다. 그리고 안보문제의 해결에 있어서도 협력을 통한 국가 간의 우호적 관계 진전 모색이 필요할 것이다.

이러한 맥락에서 보다 안정적인 역내 국가 간의 관계 형성, 적어도 갈등을 완화, 조율할 수 있을 만큼 유용한 장치의 필요성은 과거, 현재, 미래를 관통하여 제시되고 있는 것이고, 그 필요성에 부응하는 제도적 장치로서 동북아 다자간 안보협의체가 제기되고 있는 것이다.[1]

본 장은 동북아 다자안보협력체 구상을 둘러싼 이론적 논의를 정리하고자 한다. 다자안보협력체에 관한 논의는 현실주의와 신제도주의 그리고 구성주의 이론의 장점들을 폭넓게 수용하지 않을 수 없다. 왜냐하면 그 생성과 발전 그리고 그 기능을 설명하고자 할 때, 어느 한 이론으로는 부족하기 때문이다. 따라서 이 글에서는 현실주의 레짐이론을 기반으로 다자안보협력체 구성의 원리를 우선 살펴본다. 그리고 신제도주의의 논의를 통해 제도의 성장 과정을 살펴보고자 한다. 끝으로 구성주의 논의를 통해 제도의 기능을 정리함으로써 다자간 안보협력체가 갖는 동북아 안보구조 속에서의 역할과 기능 그리고 그 가능성을 살펴보고자 하는 것이다.

이러한 이론적 논의가 본 장의 중심이 되는 이유는 현실적 원인도 존재한다. 즉 동북아에서는 유럽안보협력기구(Organization for Security Cooperation in Europe: OSCE), 동아시아 전체를 아우르는 아세안지역안보포럼(ASEASN Regional Forum: ARF) 등과 같은 다자간 안보협의체가 존재하

---

1) Hugh White는 세력조율(concert of power)을 위한 제도로서 다자안보협의체를 제시하고 있다. "Why War in Asia Remains Thinkable," *Survival*, Vol.5, No.6(Dec. 2008).

지 않기 때문이다. 다만 현재의 6자회담이 그 형식을 갖추고 있어 본 장 말미에 그 성공가능성과 이론적 분석을 위한 과제라는 측면에서 논의하고자한다.

II. 다자간 협력안보의 개념화

1. 안보협력(security cooperation)의 유형

안보에 관한 학문적 논의는 국제정치학에 있어서 가장 중요한 주제의하나로 자리잡아 왔다. 또한 안보의 대상이 무엇인가, 위협의 유형과 본질은 무엇인가, 그리고 안보문제를 어떻게 접근할 것인가에 대한 논의에 있어서도 안보라는 개념이 갖는 학문적 중요성 만큼이나 학자들마다 또는접근법들마다 다양하게 논의가 진행되고 있다.[2]

우선 안보의 대상에 관한 논의에 있어서도 국가가 그 대상이라는 관점이 있는가 하면 국민을 그 대상이 되어야 한다고 주장하는 경우가 있다.[3]다음으로 위협의 유형과 본질에 있어서도 국가 외부의 군사력 등과 같은전통적인 위협 요인을 강조하는 경우가 있는가 하면, 국가내부의 불평등,

---

2) Edward A. Kolodziej, "What is Security and Security Studies?: Lessons from the Cold War," *Arms Control*, Vol.13, No.1(April 1992), p.6.

3) Ole Waever, B. Buzan, M Kelstrup and P. Lemait, *Identity, Migration and New Security Agenda in Europe*(London: Pinter, 1993); Patrick Morgan, "Safeguarding Security Studies," *Arms Control*, vol.13, no.3(1992), pp.464-479; Simon Dalby, "Security, Modernity, Ecology: Dilemmas of Post-Cold War Security Discourse," *Alternatives*, no.17(1992), pp.95-134; Ken Booth, "Security in Anarchy: Utopian Realism in Theory and Practice," *International Affairs*, vol.63, no.3(1991), pp.527-545.

〈표 2〉 다자간 안보 형태의 분류와 특성

사안＼구분	양자동맹	집단안보	집단 자위동맹	다자간 협력안보
회원의 개방성 (非적대적 개방성)	×	△	×	○
양자동맹과의 양립성	○	○	×	○ (있어도 무방)
제도화의 필요성	○	○	○	× (점진적인 추진)
비공식적 대화와의 연계성	×	×	×	○
비군사적 고려	×	×	×	○
대표적 사례	한미동맹	UN	NATO	CSCE ARF

억압 구조, 빈곤 등의 문제가 위협의 요인으로 강조되는 경우도 있다.[4] 또한 국경을 초월한 문제 즉, 환경, 마약, 국제테러 등 초국가적 위협을 근래에 있어서는 강조되는 경우도 보인다. 끝으로 안보문제 해결에 어떻게 접근할 것인가에 있어서도 경쟁적 접근법과 협력적 접근법으로 구분될 수 있다. 즉 자국의 군사력을 확대하거나 군사 동맹을 통해 군사력을 지원받음으로써 안보를 유지시키는 경쟁적 접근법과, 타국과의 신뢰관계 발전을 통하여 상호 오해의 소지를 감소시킴으로써 위협 요인을 축소하고, 전쟁이 발발할지라도 그 피해를 최소화시키는 협력적 접근법이 제시되고 있다.[5]

---

4) 매리 칼도(Mary Kaldor)는 이러한 위협과 갈등을 '새로운 전쟁'으로 부른다. Mary Kaldor, *New and Old Wars: Organized Violence in Global Era*(Cambridge: Polity Press, 1999). 또한 평화연구(peace studies)의 관점에서 볼 때, 전쟁이 없는 상태(absence of war)를 평화로 보는 경우를 소극적 평화(negative peace)로 전쟁이 없는 상태뿐만 아니라 사회 · 경제적 정의가 존재하는 상태를 평화로 보는 경우를 적극적 평화(positive peace)로 구분한다.

5) Muthiah Alagappa, "Rethinking Security: A Critical Review and Appraisal of the Debate," Muthiah Alagappa(ed.), *Asian Security Practice — Material and Ideational*

안보분야에서의 협력의 양상을 살펴보기로 하자. 안보협력은 가장 포괄적 용어로서 협력의 행위자에 있어서는 양자·다자가 포함될 수 있으며, 그 협력 방법에 있어서도 양자동맹(bilateral alliance), 집단자위동맹(collective self-defense alliance), 집단안보(collective security), 그리고 다자간 협력안보(multilateral cooperative security) 모두를 포함하는 용어이다.

동맹은 기본적으로 외부침략에의 공동대응에 대한 국가 간의 조약을 통해 이루어진다. 그 수에 의해 양자동맹 또는 집단자위동맹으로 나뉘어 진다. 양자동맹의 가장 성공한 사례로 꼽히는 것이 한-미동맹이다. 집단자위동맹은 냉전시기 북대서양조약기구(NATO)와 바르샤바조약기구(WTO)가 대표적이다. 집단안보는 UN을 통한 안전보장 장치이다. 집단안보와 집단자위동맹 모두 군사적 대응 조치를 포함하지만, 차이점은 공동의 적을 미연에 상정하는 경우와 그렇지 않은 경우이다. 후자는 행위 자체 즉 침략행위를 감행하는 행위자가 곧바로 적대국이 된다.

상기한 안보협력형태들의 공통점은 법적 구속력을 갖는 협약에 의해 구성된다는 점과 군사력 동원이 가능하다는 점이다. 다자간 협력안보는 이러한 안보협력형태들에 비해 융통성 있는 협력 시스템이다.

2. 다자간 협력안보의 개념과 목적

다자간 협력안보는 다자주의적 성격을 지닌다. 다자주의(multilateralism)는 형식적으로 볼 때, 3개국 또는 그 이상의 국가들의 협력형태를 의미한다. 이와 대칭되는 개념으로서 양자주의(bilateralism)가 있다. 즉 2개국 간의 협력형태를 말한다. 따라서 양자관계를 제외한 모든 종류의 국가 간의 협력형태를 외형상 다자주의로 볼 수 있다. 그런데 다자주의를 연루된 행

Influence(Stenford, California: Stanford University Press, 1998), pp.51-57.

위자 수로만 이해하기는 어려운 부분이 있다. 즉 제라드 러기(John Gerard Ruggie)의 지적처럼 다자주의의 개념에서 질적인 측면이 중요하다.[6] 신제도주의적 맥락에서 이해되고 있는 다자주의는 참여 국가들 간의 상호 호혜성(reciprocity)을 강조하고 있다. 따라서 신제도주의적 맥락에서 다자주의 개념은 일국을 봉쇄하거나, 대항하기 위한 목적으로서 나타나는 다자 간의 협력형태를 배제하고 있는 것이다.

여타 다자간 안보협력과 핵심적으로 차별화될 수 있는 '다자간 협력안보(multilateral cooperative security)'의 특성은 잠재적 위협국도 회원국으로서 인정할 뿐만 아니라, '다자간 협력안보' 틀에 잠재적 위협국을 포섭함으로써 오히려 그 효율성을 증대시킬 수 있다고 믿는다는 점이다. 결국 다자주의에 입각한 '다자간 협력안보'의 성격은 비배타성을 기본으로 한다고 볼 수 있다.

또한 과거 군사전략 위주의 협의의 개념에서 정치·외교·군사·경제·환경 등 다차원적인 포괄적 안보(comprehensive security) 개념으로 확대되고 있다.[7] 이 개념에서 볼 때, 안보는 단순히 군사적 위협에 대한 대처로서 국가의 목표달성을 위한 수단이 아니라, 국가의 중요한 목표의 하나로서 인식된다.[8] 뿐만 아니라 현대사회에 있어서 위협요인은 단순히 국경으로 구분되어지는 국내적 또는 국외적 위협요인으로 구분될 수 없는 문제들이 나타나고 있다. 즉 환경, 마약, 테러 등의 문제는 분명히 국가의 안전을 위협하는 문제이기는 하나, 단순히 단일국가로서 해결하기 어려운 문제들이다. 이러한 문제들을 포섭하는 개념으로서 포괄적 안보는 현 상황에서 적실성을 갖는다. 즉 포괄적 안보는 기본적으로 탈냉전기에 새롭게

---

6) John Gerard Ruggie, "Multilateralism: The Anatomy of an Institution," *International Organization*, Vol.46, No.3(Autumn 1992), p.566.

7) Joseph J. Romm, *Defining National Security: The Nonmilitary Aspects*(New York: Council on Foreign Relations Press, 1993), p.7.

8) David A. Baldwin, "Security Studies and the End of the Cold War," *World Politics*, No.48(October 1995), pp.126-129.

대두되는 안보문제들이 국경을 초월하여 발생하는 속성을 갖기 때문에, 한 국가의 일방적 행동에 의해서 해결될 수 있기보다는 여러 국가의 협력을 필요로 하고 있다는 기본 인식을 바탕으로 하고 있다.

포괄적 안보에 있어서 그 이슈의 다양화와 함께 그 지향점이 어디인가도 중요한 논의의 대상이 되었다. 즉 탈냉전기에 있어서 안보는 외부로부터의 위협에 대한 대처도 중요하나, 국내적인 문제에 의한 안보위협 요인에 대한 검토가 필요하다는 것이다. 상호의존의 증대로 인해 독립적, 단일 행위자로서의 국가의 의미는 상당 부분 약화되었다. 이러한 상황에서 한 국가의 국내적 위협요인은 타국에게 파급효과를 미치게 된다. 따라서 한 국가의 대내적 위협통제는 탈냉전기에 있어서 매우 중요한 사안으로 떠오르고 있다. 국가 간의 상호의존성의 증대로 인하여 일국의 경제·사회·문화적 문제가 역내 국가에 영향을 미치게 되고 이로 인한 불안정성이 증대될 수 있다는 점에서 최근의 안보는 단순히 한 국가가 자국의 영토 보존과 구성 국민들의 안위를 보존하기 위한 군사적 태세로만은 부족하다.

이러한 포괄적 안보 개념은 언스트 하스(Ernst B. Haas)가 협상에 있어서 다양한 이슈들을 연계함으로써 협력을 가능하게 할 수 있다고 주장한 것처럼 안보 분야에 있어서 역내 국가들 간의 협력의 가능성을 높이는 역할을 담당할 수 있다.[9] 이러한 안보 이슈의 다양성을 포섭하고 있는 포괄적 안보 개념은 '다자간 협력안보'에서 다루는 안보문제의 특성이라 할 수 있다. 이러한 다양한 의제들에 대한 논의는 이들 의제들 간의 연계를 통해 협력의 가능성을 높여준다. 결국 국가 간의 협력 가능성에 있어서 중요한 요소 중 하나인 포괄적 호혜성(diffuse reciprocity)이 포괄적 안보 개념을 통해서 나타날 수 있다고 하겠다. 이 포괄적 호혜성은 단기적 차원에서 한

---

9) Ernst B. Haas, "Why Collaborate? Issue-Linkage and International Regimes," *World Politics*, Vol.32, No.3(April 1980), pp.362-374. 하스는 이 글에서 이슈 연계의 종류를 전술적 연계(tactical linkage), 파편적 연계(fragmented linkage), 실질적 연계(substantive linkage)로 구분하고 있다.

행위자가 사안별·시기별이 아니라,[10] 장기적이고 다양한 사안에 있어서 기대할 수 있는 이익을 강조하는 것이다.[11]

앞에서 '다자간 협력안보'의 성격으로서 다자주의를 지적한 바 있다. 그런데 다자주의 개념에 대해 카포라소(James A. Caporaso)는 러기의 개념을 받아들이면서도 한 가지 요소를 더 첨가하여 강조하고 있다. 즉 그는 다자주의를 셋 이상의 국가들이 협력하는 다자적 노력을 위한 신념이며, 이데올로기로 규정하고 있는 것이다.[12] 이는 다자주의를 기본 성격으로 하는 '다자간 협력안보'가 단순히 다수 국가 간의 안보문제에 관한 합의로서 나타나는 결과물이거나, '다자간 협력안보' 틀을 통해서 국가 간의 협력을 이루는 수단이 아니라는 것이다. 다수의 국가들이 협력의 필요성을 인정하고 이를 달성하기 위해 실질적으로 노력하는 과정이라는 것이다.[13] '다자간 협력안보'는 이러한 다자주의의 정신을 수용하여 적국의 참여를 추구하는 개방성과 다자적 기구로의 발전을 위한 점진적 접근을 강조하고 있는 것이다.[14]

결국 '다자간 협력안보'는 회원국들 간에 정치·군사적 신뢰를 가져 분쟁을 사전에 예방하고자 하는 예방외교(preventive diplomacy)[15]의 성격을 갖는다. 즉 대화를 통해 투명성을 증대시키며 협력을 확산시킴으로써, 공격적인 국가가 의도적으로 조직적인 침략행위, 즉 무력에 의한 영토의 강점이나 폭력에 의한 중요한 자산의 파괴 등과 같은 행위를 준비하지 못하도

---

10) 이를 구체적 호혜성(Specific Reciprocity)으로 코헤인은 규정한다.

11) Robert O. Keohane, "Reciprocity in International Relations," *International Organization*, No.40(Winter 1986), pp.1-27.

12) James A. Caporaso, "International Relations Theory and Multilateralism: the Search for Foundations," *International Organization*, Vol.46, No.3 (Autumn 1992), p.603.

13) Ibid., p.503-504, p.604.

14) Divid Dewitt. "Common, Comprehensive and Cooperative Security," *The Pacific Review*, Vol.7, No.1(1994), p.7.

15) Mark M. Lowenthal, "Preventive Diplomacy: Prospects and Issues," *CRS Report for Congress*(March 25, 1993), p.2.

록 사전에 방지하는 데 그 목적이 있다 하겠다.[16]

III. 다자간 협력안보의 형성과 발전에 관한 이론적 논의

1. 다자협상의 유익

국가 간의 협력 가능성을 분석하는 데 있어서 행위자의 수에 관한 문제
는 중요한 논쟁거리 중 하나이다. 그런데 양자간 관계보다는 다자간 관계
에서 협력의 가능성이 높다는 데에 있어서는 거의 일치된 견해를 보이고
있다.[17] 다자간의 협상은 양자간의 협상에 비해 단순히 행위자 수의 확대
만을 의미하는 것이 아니라, 국가 간의 관계에 있어서 새로운 행위 양상을
나타내게 한다. 특히 다자간의 협상이 지속성과 규칙성을 지니게 될 때,
이를 제도화 과정으로 규정할 수 있으며, 이러한 과정을 통한 국제제도는
국가 간의 관계에 중요한 영향을 미치게 된다.

---

16) Ashton B. Carter, William J. Perry and John D. Steinbruner, "A New Concept
of Cooperative Security," *Brookings Occasional Papers*(Washington, D.C.: The
Brookings Institution, 1992), pp.7-10.

17) 그러나 참가자의 수가 어느 정도일 경우 적합한가에 대해서는 견해를 달리하고
있다. 즉 국가의 수가 늘어날수록 협력의 기회와 가능성이 증대된다는 분석이 있
는가 하면, 국가들의 수가 늘어날 경우 혜택이 줄어들고, 이탈자를 통제하기 위한
조직 관리 비용이 증대되기 때문에 협력이 오히려 어렵다는 견해가 있다. 전자의
입장에 관하여서는 Miles Kahler, "Multilateralism with Small and Large Numbers,"
International Organization, Vol.46, No.3(Summer 1992), pp.681-708. 후자 입장
의 논문으로는 Robert Axelrod and Robert O. Keohane, "Achieving Cooperation
Under Anarchy: Strategies and Institutions," in Charles W. Kegley, Jr. and Eugene R.
Wittkopt(eds.), *The Global Agenda — Issues and Perspectives*(New York: McGraw-
Hill, Inc., 1995), pp.225-230 등을 참조.

정치, 경제, 안보 등 분야에 관계없이 국가 간의 협력을 증진시키는
조건에 대하여 코헤인은 '미래의 음영(The Shadow of the Future)'을 강
조한다. 즉 지속적인 국가 간의 관계(long time horizons), 이익 분배의 규
칙성(regularity of stakes), 타국의 행위에 대한 정보의 신뢰성(reliability of
information about the others' actions), 그리고 타국의 행동 변화에 대한 즉각
적인 환류(quick feedback about changes in the others' actions)[18] 등 네 가지 조
건이 미래의 음영이 되며 이것이 국가 간의 협력을 증대시키게 된다는 것
이다. 그리고 이러한 국가 간의 관계의 지속성과 규칙성, 그리고 감시와
처벌 등을 제공해주는 기제로서 국제제도의 역할을 강조한다.

국제제도는 정보를 제공하고 거래비용(transaction costs)을 줄일 수 있고,
협조에 대한 신뢰성을 높일 수 있다. 또한 국제제도는 상호 호혜성의 작동
을 보다 원활하게 할 수 있다. 특히 국가의 약속 이행 가능성 측면에서, 국
제제도는 국제규범이 갖는 호혜성(reciprocity)의 이익을 국가들에게 인식시
키고, 특정 분야에서의 그 의미를 규정함으로써 이를 강화한다. 결국 국가
들로 하여금 해당국들이 상호 협력할 것이라는 기대를 높여 준다.

주로 안보문제에 관한 논의에 있어서는 현실주의 시각에서의 세력균형
론이나 패권안정론 등이 강점을 지니고 있다. 다른 한편으로 국제 정치경
제 문제에 관한 분석에 강점을 지닌 자유주의에 근본 뿌리를 두고 있는 신
제도주의 이론[19]은 안보문제에 대한 분석틀로서는 거의 활용되지 않고 있
다.[20] 그런데 제도의 정보제공 역할 측면을 볼 때, 신제도주의 이론은 안보

---

18) Robert Axelrod and Robert O. Keohane, "Achieving Cooperation Under Anarchy:
  Strategies and Institutions," p.226.

19) A. Hasenclever, P. Mayers and V. Rittberger, *Theory of International
  Regimes*(Cambridge: Cambridge University Press, 1999).

20) 아마도 저비스(Robert Jervis)의 안보분야에 관한 레짐 형성과 사례에 관한 분석
  은 거의 유일한 제도주의 맥락에서의 안보문제 분석 연구물일 것이다. 그러나 엄
  격히 볼 때 저비스의 분석은 제도주의 이론보다는 레짐이론에 가깝다. 레짐이
  론과 제도주의 이론은 다자간 협력에 관한 논의임에도 불구하고 레짐이론의 경
  우 세력구조 속에서의 형성과 역할을, 제도주의의 경우에는 힘의 역학관계에 주

이슈에 있어서도 유용하다.[21] 현실주의자들은 안보에 관한 분석과 대안은 최악의 상황을 상정하는 것이 마땅하다고 주장한다. 이른바 최악의 경우 분석(worst-case analysis)이다. 그 이유는 불확실하고, 무정부적 세계에서 국가는 가장 나쁜 상황과 의도를 가정하고 정책을 추진한다고 보기 때문이다. 문제는 이로 인하여 효용성 측면에서는 문제를 야기한다는 점이다.[22] 그러나 보다 많은 정보를 확보할 수 있다면, 보다 효용성이 높은 정책을 추진할 수 있을 것이다. 이러한 정보의 제공 측면에서 신제도주의 이론은 직접적으로 안보문제에 적용될 수 있을 것이다. 특히 국제제도를 통한 다수 국가들 간의 협력의 장 마련은 국가 간의 협력에 있어서 핵심적인 논쟁거리인 국가의 상대적 이익(relative gain)에 대한 고려를 약화시키고 절대적 이익(absolute gain)을 중시하게 함으로써 국가 간의 협력 가능성을 높이게 된다.[23]

행위자 수의 확대는 다양한 이익과 전략을 가진 행위자들 간의 이합집산이 가능하다는 점이고, 이는 양진영 간의 대립 양상에서 새로운 아젠다 제시를 통해 자신들의 목소리를 강화하는 과정에서 새로운 협력의 가능성이 나타나게 된다는 점이다.

유럽의 경우, 비동맹·중립국 그룹들이 미·소 양극 체제 속에서 대립상황으로 인한 협력안보 모델이 작동하기 어려운 상황에서 새로운 아젠다의 개발과 절충적 대안들을 제시함으로써 교착상태를 풀어내고, 양대 블

목하기보다 제도의 국제사회에의 자율적 역할을 강조한다. "Security Regimes," Krasner(ed.), *International Regimes*(Ithaca and London: Cornell University Press, 1983), p.176.

21) Robert O. Keohane and Lisa L. Martin, "The Promise of Institutionalist Theory," *International Security*, Vol.20, No.1(Summer 1995), p.43.

22) Ibid., pp.43-44.

23) 스나이달(Duncan Snidal)은 협력으로부터 얻어지는 잠재적 절대 이익이 핵심적이거나, 다수의 국가들이 참여하게 될 때, 상대적 이익은 중요하지 않다는 것을 밝혔다. Duncan Snidal, "Relative Gains and the Pattern of International Cooperation," *APSR*, Vol.85, No.3(September 1991), pp.701-726.

록 간의 갈등과 대립 양상을 완화시키는 역할을 담당했다.[24] 물론 이들 국가군 나름대로의 전략적 이익에 바탕을 둔 CSCE 내에서의 역할이라 할 수 있지만, 이를 통해 유럽에서의 협력안보 모델은 태동단계에서의 기본적 틀에 내용을 채워나가는 중요한 역할을 담당한 것으로 볼 수 있다. 또한 조정자 국가군의 역할 확대는 제도가 생성됨에 따라 제도에 의해 국가들의 영향력 변화 양상을 반영하는 것이라 할 수 있다.

아·태지역에서의 ARF의 진전과정에서도 유사한 역할을 담당한 국가군을 찾을 수 있다. 바로 동남아국가연합(ASEAN)이다. ASEAN이 이니셔티브를 취함으로써 표면적으로는 ASEAN 중심의 협력안보 모델로 보이지만, 실제로 힘의 배분 상황을 볼 때, 이들 국가군은 중심적 역할이기보다는 역내 안보문제를 논의할 수 있는 틀을 마련하고, 중재하는 역할을 담당한 것으로 볼 수 있다. ASEAN이 전통적으로 견지하고 있는 중립주의 노선을 현실 상황에 맞추어 미국을 끌어들이는 역내 협력안보 모델을 구축하였음에도 불구하고, 여전히 중국과 미국을 사이에 두고 과도한 미국의 영향력을 차단하면서, 중국에 대한 독자적 견제 능력을 미국을 통해 보완하는 모습도 보이고 있다.[25] 따라서 ARF의 경우에서는 제도의 성숙화 과정에서뿐만 아니라 제도의 태동 단계에서부터 중요한 역할을 ASEAN이 담당하였다.

2. 제도 형성에 있어서의 패권국의 역할 분석

신제도주의적 시각에서 제도는 "지속적으로 행위자의 역할을 규정하고 그들의 행동을 구속하며, 기대를 형성하는 공식적 또는 비공식적 규칙들

---

24) John J. Maresca, *To Helsinki, The Conference on Securiy and Cooperation in Europe, 1973-1975*(Durham and London: Duke Univ. Press, 1989), p.25.

25) J. W. Burton(ed.), *Nonalignment*(N. Y.: H. Heineman, inc., 1966), pp.11.

의 연결된 총체"[26]로 정의된다. 이러한 국제제도는 자연 발생적으로 나타나는 것이 아니라, 하나의 인위적 산물이다. 따라서 누군가에 의해서 제도는 제안되고, 형성을 위한 노력이 필요하다는 것이다.

이 점에서 국제관계의 권력 배분 양상 속에서 어떠한 행위자가 제도의 구축에 있어서 중요한 역할을 담당하게 되는가에 관한 논의가 필요할 것이다. 그런데 신제도주의적 접근법은 제도의 역할에만 주안점을 둠으로써 제도의 형성 조건에 관한 논의를 간과하고 있다. 이로 인하여 국제제도의 존재는 협력하려고 하는 국가의 일련의 결정을 전제로 하고 있다는 지적이 있는가 하면,[27] 국제제도 이론이 상대적 권력에 관해 분석이 필요하다는 제안도 제기된다.[28] 따라서 신제도주의적 접근법에서 간과하고 있는 제도 형성의 기원에 관한 논의가 필요하다.

이를 위해서는 국가 간의 세력 배분 양상이 제도 형성에 미치는 영향을 분석하기 위한 도구로서 패권안정론적 시각이 필요하다. 즉 패권안정에 관한 논의에서 지배적인 강대국의 존재는 레짐의 초기 형성과 제도적 협력을 유지하는 데 있어서도 매우 중요하다고 주장[29]한다. 특히 안보 분야에 있어서의 국제제도의 형성에는 더욱 권력 구조의 문제가 중요시될 수밖에 없을 것이다. 이는 안보문제가 갖는 국가들의 민감성에 기인하는 것이라 할 수 있다. 이러한 측면에서 저비스(Robert Jervis)도 안보 레짐의 형

---

26) Robert Keohane, "Neoliberal Institutionalism: A Perspective on World Politics," in *International Institutions and State Power: Essays in International Relations Theory* (Boulder: Westveiw Press, 1989), p.3.

27) Joseph Grieco, *Cooperation among Nations*(Ithaca, N.Y.: Cornell University Press, 1990), pp.218-219.

28) Hellen Milner, "International Theories of Cooperation among Nations: Strengths and Weaknesses," *World Politics*, No.44(April 1992), p.476; Stephen D. Krasner, "Global Communications and National Power: Life on the Pareto Frontier," *World Politics*, No.43(April 1991), p.366.

29) Robert O. Keohane, *After Hegemony: Cooperation and Discord in the World Political Economy* (Princeton: Princeton University Press, 1984), p.31.

성 조건을 논의하면서 가장 중요한 요소로서 강대국의 레짐 구축 의지를 지적한다.[30] 즉, 저비스는 국제제도의 형성에 있어서 강대국이 모든 국가들이 개인주의적으로(individualistically) 행동하는 환경보다는 보다 조절된 (regulated) 환경을 선호해야 한다는 점을 강조하고 있다.

실제로 다자간 협력안보 메커니즘의 대표적인 사례인 유럽의 OSCE나 아·태지역의 ARF의 경우를 살펴볼 때 협력안보 모델의 태동에 있어서 다음과 같은 패권국의 입장이 가장 중요한 요건이었음을 알 수 있다.

바르샤바조약기구(WTO) 진영의 경우 소련이 동유럽에 대한 절대적인 영향력을 행사해 왔으나, 소련 자체의 경제력 위축과 동유럽 국가들의 독자적 경제발전 정책 추구, 그리고 중·소 국경분쟁(1969. 3)으로 인한 유럽에서의 대미 강경 노선의 한계 등이 소련으로 하여금 유럽 정책에 있어서 방어적인 태도로 바뀌게 하는 계기로 작용하게 되었다. 결국 이러한 영향력 약화 추세에서 소련은 유럽에서의 현상 유지를 위한 노력에 보다 집중하게 되었고, 그 결과 1970년대 초반 미국을 포함하는 유럽안보회의에 대한 제안이 이루어진 것이다.

한편, 미국의 경우 1950년대부터 소련이 제안하여 왔던 미국을 제외한 유럽안보회의에 대해 이것이 유럽에서 미국의 영향력을 축소시키기 위한 전술로 판단하고, 반대하면서 북대서양조약기구(NATO)를 통한 소련 봉쇄 정책을 일관되게 추진해 왔다. 그러나 1960년대부터 미국의 유럽에서의 영향력에 변화가 나타나기 시작하였다. 프랑스가 유럽에서의 독자 방위체제 구축에 대한 의지를 보이면서 NATO 체제에 대한 반발이 나타났다. 서독도 브란트의 동방정책을 통하여 봉쇄와 대결보다는 타협과 대화를 통한 유럽의 데탕트 무드 형성을 주도해 나갔다. 특히 미국의 베트남전쟁 수행을 통한 경제적 부담과, 패전으로 인한 군비 삭감 압력 등의 국내여론으

---

30) Robert Jervis, "Security Regimes," Stephen D. Krasner(ed.), *International Regimes* (Ithaca and London: Cornell University Press, 1983), p.176.

로 인하여 군사력을 통한 소련의 봉쇄정책에 한계를 보이기 시작하였다.[31] 이러한 상황에서 소련의 제안에 대해 미국이 수용함으로써 1972년 11월 전(全) 유럽국가와 미국, 캐나다 등 35개국이 참여하는 유럽안보협력회의 (CSCE: Conference on Security and Cooperation in Europe)가 개최되었다.[32]

ARF의 형성과정으로 눈을 돌려 보자. 1993년 클린턴 정부가 출범하기 전까지 미국은 1980년대 말부터 소련, 호주 등 역내 국가들에 의해 제안된 다자간 안보협력 메커니즘에 대해 부정적인 태도로 일관하여 왔다. 그런데 클린턴 행정부가 출범하면서 역내 다자간 안보협력 메커니즘에 대해 긍정적인 입장을 취하게 되었다. 미국의 클린턴 정부는 다자간 안보대화에 대해 긍정적 태도를 보이고 '신태평양공동체(A New Pacific Community)' 선언을 발표하게 된다.[33] 이를 계기로 1994년 7월 제1회 아세안지역포럼 (ARF)이 개최되었다.

이러한 협력안보에 대한 미국의 입장 변화는 당시 미국이 처한 아·태 지역에서의 전략적 어려움 때문이었다. 즉 1990년대 초반 미국의 아·태 지역에서의 안보 공약의 축소로 인하여 역내 국가들로 하여금 안보 불안감을 증폭시키고, 군비를 증강시키는 결과를 초래하였던 것이다. 더욱이 북한의 핵무기 개발 의혹이 증폭됨으로써 위기 상황이 증폭되는 상황이 발생하였다. 이러한 상황에서 미국은 비용을 최소화하면서 아·태지역에서의 안보 공약을 유지할 수 있는 방안을 모색하게 되었고, 그 일환의 하나로서 양자 동맹관계와 함께 이를 보완하기 위한 도구로서 다자간 안보협

---

31) Joseph Lepgold, *The Declining Hegemon: The United States and European Defense, 1960-1990*(New York: Greenwood Press, 1990), p.146.

32) John Fry, *The Helsinki Process: Negotiating Security and Cooperation in Europe*(Washington, D.C.: National Defense University Press, 1993), p.3.

33) 그 주요 내용은 첫째, 동아시아의 쌍무적인 군사 동맹 관계를 공고히 하며, 둘째, 대량살상무기 확산을 억제하며, 셋째로 다자안보대화를 추진하고, 넷째, 역내 민주주의 확산을 위해 노력한다는 것이다. "U.S. President Bill Clintion's Assemble Speech, July 10 1993," *The Korean Journal of International Studies*, Vol.24, No.3(Autumn 1993).

력체 구상을 추진하게 된 것이다.[34]

이렇게 볼 때, 유럽과 아·태지역에 있어서 협력안보 모델 태동의 결정적 요인으로 패권국의 영향력 축소 경향을 지적할 수 있겠다. 또한 역설적으로 이러한 패권국의 영향력 축소 경향들이 패권국 스스로 새로운 안보 메커니즘을 모색하도록 하였고 협력안보 모델이 태동하게 된 것이다.

3. 제도의 자율성과 패권국의 영향력 변화

제도의 형성 초기 과정에 있어서는 패권국의 영향력과 역할이 매우 중요하다. 그런데 신제도주의적 시각으로 제도의 역할을 생각해 볼 때, 제도의 형성 이후 단계에 있어서는 패권국의 강력한 영향력에는 변화가 발생할 수 있다. 즉 제도의 자율성 증대로 인하여 패권국이 초기 제도 형성을 주도하면서 가졌던 전략적 이해와 제도의 자율성 간의 괴리 현상이 발생할 수 있을 것이다. 즉 신제도주의에서 제기하고 있는 제도의 자율성과 관련하여 과연 초기 패권국의 의도와 자율성을 확보한 제도 간의 관계는 어떻게 조정되는가 또한 주목을 요한다.[35]

제도의 자율성과 패권국 간의 상호 작용에 관해서는 오란 영(Oran R. Young)의 경우에서처럼 레짐의 형성 경로가 다양할 수 있으나, 그중 강제적(imposed) 경로로 레짐이 형성된다고 할지라도 그 강제력이 지속적으로 요구되지 않을 뿐 아니라 시간의 경과에 따라 제도의 자율성 확보로 강

---

34) Mark G. Rolls, "Security Cooperation in Southeast Asia: An Evolving Process," *Contemporary Security Policy*, Vol.15, No.2(August 1994), pp.68-73.

35) M. W. Zacher, *Governing Global Networks: International Regimes for Transportation and Communication*(Cambridge: Cambridge University Press, 1996). 이 책은 신제도주의적 입장에서 레짐을 논한 저서로 레짐이 패권국의 의도가 아닌 상호 이해에 기인하고 있다고 논한다.

제력이 덜 필요하게 된다는 주장[36]에서도 파악할 수 있다. 특히 제도의 자율성과 패권국의 영향력 간의 상호 작용에 관한 이론적 틀을 제시한 크라스너(Stephen D. Krasner)는 제도의 형성과정에 있어서 시간의 경과와 환류(feedback)라는 변수가 적용됨으로써 제도와 패권국의 영향력 간의 변화가 발생한다고 주장하기도 한다.

즉 레짐이 처음 발생할 때는 권력의 배분과 레짐의 성격 간의 일치성 정도가 높으나, 시간이 지남에 따라 이 양자간에는 차이가 나타난다는 것이다.[37] 따라서 초기의 패권국이 그들의 이익을 지키기 위해 레짐을 형성하게 되지만, 레짐이 지속적으로 유지되면서 레짐 자체가 새로운 국제관계의 환경을 창출하게 되고 이로 인하여 행위자들은 이 새로운 환경에 새롭게 적응하여 자국의 전략적 이익들을 추구하게 됨으로써 기존의 권력 배분 구조는 변화를 겪게 된다는 것이다.

이러한 기존의 이론을 정리해 보면, 시간이 경과함에 따라 제도의 자율성 영역이 늘어나게 되고, 이는 초기 제도를 형성시키는 데 결정적인 역할을 담당한 패권국의 의도와의 괴리 현상을 발생시킬 수 있음을 간과해서는 곤란하다.

냉전기 소련이 자국의 세력 유지의 중요한 방편으로서 추진·설립하였던 CSCE가 결과론적으로 소련과 동유럽 국가의 몰락을 초래하는 데 중심적인 역할을 담당하게 되었다는 점이다. 동·서 양진영 간의 자유로운 인적·물적·사상적 교류의 증대가 CSCE의 틀을 통해 가능해지기 시작함으로써―이는 소련과 동유럽 국가들이 당시에 경제·기술적 지원을 서방진영으로부터 받기 위해 제안하였던 것이다―민주화, 자유화 운동이 가속화

---

36) Oran R. Young, "Regime Dynamics: The Rise and Fall of International Regimes," Stephen D. Krasner(ed.), *International Regimes*(Ithaca and London: Cornell University Press, 1983), pp.98-101.

37) Stephen D. Krasner, "Regimes and the Limits of Realism: Regimes as Autonomous Variables," Stephen D. Krasner(ed.), *International Regimes*(Ithaca and London: Cornell University Press, 1983), p.357.

되었기 때문이다. 여기에서 초기 패권국의 초기 제도의 제안 의도와 제도의 발족 이후 나타나는 결과는 상호 상반되었음을 볼 수 있는데, 제도의 자율성이 패권국의 영향력을 잠식시켰음을 보여주는 것이라 할 수 있다.

1990년대 탈냉전적 상황은 미국 내에서 국내문제 우선정책을 추진하도록 압박을 가하게 하였다. 이러한 상황 속에서 미국은 유럽에서의 영향력을 유지시키는 제도적 틀에 의지할 수밖에 없었다. 따라서 미국은 NATO의 성격 변화를 추진함과 동시에 CSCE의 기구화 즉 OSCE로의 전환을 받아들일 수밖에 없었다.[38] 특히 탈냉전기의 국력은 냉전기 이념적 동질성을 기반으로 일방적인 행동이 가능했던 것과는 달리 점차 협력적 행동을 추구하지 않을 수 없는 국가 간의 관계로의 전환을 요구하였다. 냉전기 소련에 의해 제안되어 NATO를 대체하는 범유럽안보기구를 목적으로 시작된 CSCE/OSCE가 역설적으로 탈냉전 초기 미국의 유럽에서의 영향력 유지의 중요한 제도가 되었다.

4. 제도의 역할과 행위자와의 상호작용에 대한 해석

제도는 단순히 행위자들 간의 합의에 의해 도출된 산물이라는 측면에서 정태적인 것이 아니라 하나의 독립 변인으로서 인식되어야 한다. 즉, 제도가 갖는 행위자에 대한 영향력에 주목할 필요가 있다. 이는 신제도주의에서 주목하고 있는 제도의 독립 변인으로서의 역할을 의미한다.

제도가 갖는 역할은 국가 간의 협력을 설명하는 데 있어서 중요한 자리를 차지한다. 국가 간의 협력의 가능성이 실현되기 위해서는 몇 가지 구조적 제약이 따르는데, 첫째, 국제정치에서는 국가의 상위에 존재하는 권위

---

38) Janie Leatherman, "Conflict Transformation in the CSCE: Learning and Institutionalization," *Cooperation and Conflict-Nordic Journal of International Studies*, Vol. 28, No. 4(Dec. 1993), p. 411.

체가 없다는 데서 오는 제약, 둘째, 행위자 간의 의사소통을 원활히 할 수 있는 정보의 유통이 불완전하다는 제약, 셋째, 협력에 이르기 위해 필요한 협상에 따르는 비용에서 오는 제약이다. 이러한 제약을 극복하는 대안으로서 신제도주의는 제도의 중요성을 강조한다. 즉, 제도가 가진 특정 역할과 기능으로 인하여 무정부적 국제관계에서 국가 간의 협력의 가능성을 증대시킨다는 것이다.

그런데 제도가 행위자에 미치는 영향만을 강조하게 될 경우, 행위자가 제도에 미치는 영향을 간과하는 오류에 빠질 수밖에 없다. 이에 대해 구성주의 학자인 로버츠 클락(William Roberts Clark)은 신제도주의 학파 내에서도 제도와 행위자 중 어느 쪽에 비중을 두는가에 따라서 행위자 중심적(agency-centered) 신제도주의와 구조중심적(structure-based) 신제도주의로 구분하기도 한다.[39] 그러면서 행위자와 구조 간의 반복적 관계(recursive relationship)에 주목해야 함을 강조한다.[40]

특히 구성주의(constructism)에서는 제도를 하나의 과정적 의미로 파악하면서 그 속에서의 관계를 형성해 나간다는 점을 강조하고 있다.[41] 구성주의는 제도가 행위자의 이익에 대한 인식을 구성하는 측면과 다른 한편으로 행위자가 제도와의 상호작용 속에서 다시금 제도를 재구성하는가의 측면을 동시에 설명하고자 한다. 이 점에서 신제도주의에서 취약한 부분이었던 행위자와 제도 간의 상호작용을 강조하는 구성주의적 시각이 국제제도의 역할에 관한 분석에 보다 역동적으로 활기를 불어넣는다. 따라서 제도는 정태적인 것이 아니라 행위자와의 상호 작용을 통하여 스스로의 존재가 효용성과 현실 적응력을 갖추어 나가는 하나의 과정으로서 볼 수

---

39) William Roberts Clark, "Agents and Sturctures: Two Views of Preferences, Two Views of Institutions," *International Studies Quarterly* 42(1998), pp.245-246.

40) Ibid., p.246.

41) Alexander Wendt, "Construction International Politics," *International Security*, 20-1(Summer 1995), p.4.

있다.

다자간 협력안보가 제안되고 그 틀 속에서 국가들 간의 안보대화가 진행되는 과정과 그 과정이 다시금 제도의 내용을 조정해 나가는 상황을 제도화 과정을 거치게 된다. 따라서 다자간 협력안보에 관한 중요한 관찰 사항 중 하나는 국가들의 안보 정책이 제도화 과정에서 어떻게 변화되고, 역으로 국가들 간의 전략적 이해 관계에 대해 제도가 어떻게 적응해가는가의 문제이다.

CSCE의 태동 이후 성숙화 과정을 분석해 볼 때, 초기의 회원국들이 의도한 상황과는 별개로 제도에 의해 국가 간의 관계가 영향을 받고 제약받게 됨을 볼 수 있다. 즉, 제도를 통한 다자간의 안보협력 메커니즘은 초기 국가들의 전략적 의도와는 관련 없이 다른 방향에서 참여 국가들의 태도를 제약하고 변화시키기 시작하였던 것이다. 이는 신제도주의에서 논의하는 제도의 자율성과 관련된 문제로서 볼 수 있는데, 일단 제도가 느슨한 형태로라도 발족되기 시작하면 그 자체의 작동 원리로 인하여 국가 간의 관계가 영향을 받게 됨을 보여주는 사례라 할 수 있다.

비록 소련과 미국의 절대적 영향력하에서 발족된 CSCE 헬싱키 회담이었지만, 참여한 35개국들은 나름대로의 전략적 목표들을 가지고 있었다. 3년여에 걸친 논의과정을 통해 1975년 합의된 헬싱키 최종안은 이러한 다양한 국가들의 전략적 목표들을 수렴한 포괄적인 이슈들을 포함하게 되는데, 이 최종안이 탄생할 수 있었던 데에는 포괄적 호혜성에 근거한 국가 간의 협상이 진행되었기 때문인 것으로 볼 수 있다. 비록 헬싱키 최종안이 법적 구속력을 갖는 문서는 아니었으나, 35개 국가들이 공히 합의한 사항으로서 국제적 규범으로서의 역할을 담당하게 되었다.[42]

특히 여기에서 주목할 부분은 비동맹·중립국가군이 강력하게 제시한 인권문제에 관한 최종안이다. 소련과 동유럽 국가들 내부에서는 인권 관

---

42) John Fry, op.cit., p.24.

련 사안이 자국 정부에 의해 합의된 사항임을 제기하며 인권문제의 해결을 촉구하는 시민 운동이 폭넓게 나타나기 시작하였다. [43] 이에 대해 동유럽 국가 정부는 탄압을 통해 이를 억제하려 하였으나, CSCE 후속 회의를 통해 서방 국가들에게 비판의 대상이 됨으로써 CSCE 회의는 인권문제를 중심으로 논의되기 시작하였다. 이로 인하여 소련의 인권 억압이 어느 정도 약화되기 시작하였고, 동유럽에서는 인권 운동이 조직화되고 활성화되는 계기가 마련되었다. 물론 소련이나 동유럽 국가 자체가 인권문제에 대해 전향적으로 정책을 바꾸지는 않았으나, CSCE 최종안을 통해 이들 국가들의 대외정책 추진과정에 있어서 새로운 걸림돌로 인권문제가 부각되기 시작함으로써 국가의 행위를 제약하는 결과를 가져오게 된 것이다.

인권문제를 둘러싼 양진영 간의 논쟁으로 CSCE 회의가 교착상태에 빠지게 되자 새로운 이슈가 중심으로 부각되는데, 바로 신뢰안보구축조치(CSBMs)이다. 이는 중립·비동맹 국가군에 의해서 적극적으로 CSCE 회의에서 제기되었다. 초기 군사적 문제에 대한 논의에 대해서는 반대의 입장을 표명하였던 소련이 이 CSCE 회의에서 신뢰안보구축조치에 대해 논의하기로 한 것은 인권문제로 인한 난관을 벗어나고자 했던 것으로 볼 수 있다. [44]

인권문제에 대한 CSCE 회의에서의 적극적인 발언권 행사와, CSBM의 추진에 있어서의 비동맹·중립국가들의 역할에서 파악할 수 있듯이, 양극구조 속에서 유럽의 안보문제에 대해 소외될 수밖에 없었던 이들 국가들은 새로운 제도의 형성 속에서 독자적인 목소리를 어필할 수 있었다. 뿐만 아니라, 양진영의 대립 상황에서 완충적·중재적 역할을 담당함으로써 중심적인 행위자 군으로서 등장할 수 있었다는 점이다. 이는 제도의 성숙화

---

43) Dante B. Fascell, "The Helsinki Accord: A Case Study," *Annals*, Vol.442(March 1979), p.71.

44) Richard E. Darilek, "The Future of Conventional Arms Control in Europe," *SIPRI Year Book 1987*(Oxford: Oxford University Press, 1987), p.340.

과정에 있어서 중요한 조건의 하나로서 추출될 수 있는 비동맹·중립국가
군의 역할이라 할 수 있다.

IV. 결론: 이론적 발전을 위한 제언

　21세기 세계질서에 관해 다양한 전망들이 있으나, 그중에는 단극화 또
는 양극화가 아닌 다양하고 많은 세력들에 의해 움직이는 무극화 체제
(Nonpolarity)를 예견하는 극단적인 경우도 있다. 지역패권 추구국가, 국제
기구 또는 지역기구 그리고 다국적 기업 등이 어우러진 새로운 국제관계
가 나타날 것으로 보고 있는 것이다.[45] 그 전망에 대한 검증의 문제는 차치
하고라도, 향후 국제질서의 복잡다단성에 대해서는 대체로 공감대가 형성
되어 있다. 그리고 이러한 국제관계의 불안정성, 상황에 따른 관계 설정의
변화 등으로 한층 복잡하고 가변적일 것으로 전망하는 만큼 그 해결을 위
해 한 나라가 아닌 다자간 협력체제가 더욱 강조되는 것이다.
　더욱이 기본적으로 양자동맹을 중심으로 안보구조가 형성되어 있는 동
북아 지역은 더욱이나 다자간 안보협력체가 필요하다. 현실주의 연구자들
은 동북아 지역에서는 다자간 협력의 관행이 성숙되어 있지 않으며, 양자
동맹 중심의 안보구조이기 때문에 다자간 안보협력은 어렵다는 논리로 구
축가능성에 대해 회의적 입장을 보이나, 다른 한편으로 이러한 동북아의
안보상황 때문에 더욱더 그 필요성이 제기되기도 한다. 이러한 속에서 다
자간 안보분야에 관한 협력의 장으로서 존재하고 있는 것이 6자회담이다.
　2003년 8월부터 시작된 6자회담은 북한 핵문제 해결을 위한 다자간 협

---

45) Richard N. Haas, "The Age of New Polarity," *Foreign Affairs*(May/June 2008).

의체라는 점에서 앞에서 설명한 다자간 협력안보 메커니즘과는 차이가 있다. 그러나 점차 6자회담의 의제가 북핵문제를 포함하여 경제협력, 에너지지원, 동북아 평화체제구축 논의, 한반도 평화체제 등의 분야에까지 확대되면서 논의의 영역을 확대하고 있다.

이러한 6자회담에 대한 분석을 어떻게 할 것인가? 과연 앞에서 이론적으로 제시한 다자간 협력안보 메커니즘의 역할이 6자회담에서도 여전히 유효할 것인가에 대한 검토가 필요하다. 즉, 6자회담이 역내 안보문제 해결에 유용한가? 행위자 간의 행위 패턴의 변화를 가져왔는가? 북한은 핵협상을 통해 최소한의 양보(giving up as little as possible)의 대가로 최대의 이익을 얻으려는(getting as much as possible) 전략[46]을 구사해 오고 있는데, 과연 6자회담은 이러한 전략의 변화를 가져올 수 있을 것인가? 무엇보다 북한으로 하여금 핵포기가 새로운 체제 안정성을 강화시키는 계기가 될 수 있다는 신뢰를 심어줄 수 있을 것인가?

국가 간의 협력 메커니즘이 지속적이고 효과적으로 작동되기 위한 1차적 조건은 행위자가 책임성 있는 주권자(responsible sovereignty)여야 한다.[47] 즉, 개별국가는 주권행사에 있어서 자국국민과 마찬가지로 타국에 대해서도 책무를 지는 행위자일 때 국가 간 협력 특히 안보 분야에서의 협력을 논의할 수 있게 된다. 이러한 행위자의 기본 성격이 북한에 부합할 것인가에 대한 객관적 평가가 필요하다. 행위자의 예외적 성격(사실 북한은 국제사회에서 여러 가지 상황상 특이한 행위자이다)에도 불구하고 여전히 다자간 협력 체제가 가능할 것인가에 대한 현실적 검토가 필요할 것이다.

앞에서 언급한 바와 같이 북한의 핵프로그램이 갖는 의미 또한 매우 중

---

46) Gary Samore, "The Korean Nuclear Crisis," *Survival*, Vol. 45, No. 1(Spring 2003), p. 22.

47) 이 개념은 오바마 대통령의 취임을 앞두고 브루킹스 연구소에 마련한 정책제안에서 국제협력의 전제조건으로 제시한 개념이다. *A Plan for Action: A New Era on International Cooperation for Changed World 2009, 2010 and Beyond*(Washington, D.C.: The Brookings Institution, 2008).

〈표 3〉 다자간 협력의 유형

행위자 간 관계 패턴

	위계적	평등적
높음	패권적 협력 Hegemonic Cooperation	화합형 협력 Concert-type Cooperation
낮음	유도형 대화협력 Guided Dialogue Cooperation	열린 대화 협력 Open Dialogue Cooperation

제도화 수준

요한 협력 가능성의 변수이다. 어느 상황에서도 스스로의 안전보장을 포기하면서 협력을 수용하지는 않을 것이다. 스스로의 현실 인식의 문제인데 이를 어떻게 바꿀 것인가? 다자간 협력체제가 현실 인식의 문제를 변화시킬 수 있을 것인가에 대한 검토가 필요하다.

이와 관련하여 인식 공동체(epistemic community) 개념에 주목할 필요가 있다. 이들 구성원들은 규범적이고 원칙적인 신념을 공유하고, 학계와 정부 사이의 연계 역할을 하며, 이들은 공동의 정책 계획을 연구하는 집단으로 규정될 수 있다.[48] 이들 간의 교류를 통해 새로운 학문적 개념이 전파되고 이것이 다시금 정부 정책결정자에게 영향을 미침으로써 정책의 변화로 이어질 수 있다는 것이다. 이러한 측면에서 볼 때, 다양한 경로에서의 학문적 교류는 다자간 협력안보의 가능성의 중요한 요소라 할 수 있다. 이러한 측면에서 볼 때, 동북아에서는 올해까지 23차례 회의를 개최한 동북아

48) Perter M. Hass, "Introduction: Epistemic Communities and International Policy Coordination," *International Organization*, Vol.46, No.1(Winter 1992), p.3.

협력대화(NEACD: Northeast Asia Cooperation Dilolgue)[49]의 역할에 주목할 필요가 있을 것이다.

끝으로 동북아 협력의 핵심 행위자인 6개국의 국력, 이념적 정향, 전략적 이익의 방향 등을 고려해 볼 때 어떠한 형태의 협력이 효과적일 수 있을 것인가도 중요한 연구과제가 될 것이다.

즉, 주도적인 한 국가가 이끌어가는 형태의 협력체제가 실현성과 효과성에 있어서 높을 것인가, 아니면 모든 국가가 평등하게 의제의 선정 및 합의 결정에 참여하는 형태가 바람직할 것인가? 다른 한편으로 제도화 정도는 어느 정도일 때 동북아 안보문제 해결에 효과적일 것인가도 중요한 논의의 대상이 될 것이다.

6자회담의 시발은 북한의 미국과의 직접대화 요구에 대한 미국의 대응에서 비롯되었다. 중국이 회담 장소를 제공하는 미 · 북 · 중 3자회담(03. 4. 23~25, 북경), 그리고 북한의 "다자간 협상 틀 내에서의 북미 간 직접대화"라는 형식의 6자회담을 수용하면서 비로소 6자회담이 개최되었다. 이는 결국 미북 양자회담의 확대로서의 6자회담을 의미하는 것이었다.

이는 문제를 발생시킨 북한과 이를 적극적으로 저지하기 위해 노력하는 미국의 입장 때문에 만들어진 구도로 협상 행위자의 진정한 다자(多者)는 이루어지지 않은 것으로 볼 수 있다. 6자회담의 개최는 미국에 의해 추진된 것이며, 미국의 전략에 의해 진행된 회의체라는 점에서 6자회담의 성격은 패권국에 의해 주도되어지는 유도형 대화협력(Guided Dialogue Cooperation)으로 볼 수 있다.[50]

---

49) 동북아협력대화(NEACD)는 미국 샌디에이고 소재 캘리포니아대학 부설 세계분쟁협력연구소(Institute for Global Conflict and Cooperation) 주관하에 6자회담 회원국과 동일한 국가가 참석하는 반관반민(半官半民)의 회의체이다. 1993년 7월 1차회의를 개최한 이래, 작년 서울(2010. 10)에서 23차 회의(북한 불참)가 있었다.

50) Jorn Dosch, "Multilateralism and North Korea, Lessons of European Experiences," presened paper for The Conference on 『North Korea, Multilateralism and the Future of the Peninsula』(November 20-21, 2003). Dosch는 그의 글에서 Degree of

즉, 이는 패권국이 완전하게 주도하면서, 그들의 이익과 전략에 의해서만 유지되는 패권적 협력체(hegemonic cooperation)보다는 패권국의 지배정도가 낮기는 하지만, 여전히 패권국에 의해 그리고 몇몇 패권국의 전략에 부응하는 중류국가들의 연합으로 이루어지는 협조체제로 볼 수 있을 것이다.

이후 6자회담의 중단, 재개 과정을 반복하면서 중국의 역할 확대, 한국의 새로운 의제 제시 등으로 회원국의 역할이 보다 확대되기도 하였다. 현재 중단상태에 있는 6자회담이 재개될 경우, 어떠한 형태의 협력으로 나아가게 될 것이며, 문제해결에 유리할 것인가에 대한 다양한 논의가 필요할 것이다.

---

formal/informal Institutionalization과 Pattern of inter-actor relations를 변수로 하여 네 가지 협조 유형으로 구분하였다.

| 참고문헌 |

Alagappa, Muthiah(ed.). *Asian Security Practice—Material and Ideational Influence*. Stenford, California: Stanford University Press, 1998.

Baldwin, David A. "Security Studies and the End of the Cold War." *World Politics*, No. 48, October 1995.

Booth, Ken. "Security in Anarchy: Utopian Realism in Theory and Practice." *International Affairs*, Vol. 63, No. 3. 1991.

Caporaso, James A. "International Relations Theory and Multilateralism: the Search for Foundations." *International Organization*, Vol. 46, No. 3. Autumn 1992.

Clark, William Roberts. "Agents and Sturctures: Two Views of Preferences, Two Views of Institutions." *International Studies Quarterly* 42. 1998.

Dalby, Simon. "Security, Modernity, Ecology: Dilemmas of Post-Cold War Security Discourse." *Alternatives*, No. 17. 1992.

Darilek, Richard E. "The Future of Conventional Arms Control in Europe." *SIPRI Year Book 1987*. Oxford: Oxford University Press, 1987.

Dewitt, Divid. "Common, Comprehensive and Cooperative Security." *The Pacific Review*, Vol. 7, No. 1. 1994.

Dosch, Jorn. "Multilateralism and North Korea, Lessons of European Experiences." Presened paper for The Conference on *North Korea, Multilateralism and the Future of the Peninsula*. November 20-21, 2003.

Fascell, Dante B. "The Helsinki Accord: A Case Study." *Annals*, Vol. 442. March 1979.

Fry, John. *The Helsinki Process: Negotiating Security and Cooperation in Europe*. Washington, D.C.: National Defense University Press, 1993.

Grieco, Joseph. *Cooperation among Nations*. Ithaca, N.Y.: Cornell University Press, 1990.

Haas, Ernst B. "Why Collaborate? Issue-Linkage and International Regimes." *World Politics*, Vol. 32, No. 3. April 1980.

Haas, Richgard N. "The Age of New Polarity." *Foreign Affairs*. May/June 2008.

Hasenclever, A., P. Mayers, and V. Rittberger. *Theory of International Regimes*. Cambridge: Cambridge University Press, 1999.

Hass, Perter M. "Introduction: Epistemic Communities and International Policy Coordination." *International Organization*, Vol. 46, No. 1. Winter 1992.

Jervis, Robert. "Security Regimes." Stephen D. Krasner(ed.). *International Regimes*. Ithaca and London: Cornell University Press, 1983.

Kaldor, Mary. *New and Old Wars: Organized Violence in Global Era*. Cambridge: Polity Press, 1999.

Keohane, Robert O., and Lisa L. Martin. "The Promise of Institutionalist Theory." *International Security*, Vol. 20, No. 1. Summer 1995.

Keohane, Robert O. "Reciprocity in International Relations." *International Organization*, No. 40. Winter 1986.

_____. *After Hegemony: Cooperation and Discord in the World Political Economy*. Princeton: Princeton University Press, 1984.

_____. *International Institutions and State Power: Essays in International Relations Theory*. Boulder: Westveiw Press, 1989.

Kolodziej, Edward A. "What is Security and Security Studies?: Lessons from the Cold War." *Arms Control*, Vol. 13, No. 1. April 1992.

Krasner, Stephen D.(ed.). *International Regimes*. Ithaca and London: Cornell University Press, 1983.

Leatherman, Janie. "Conflict Transformation in the CSCE: Learning and Institutionalization." *Cooperation and Conflict-Nordic Journal of International Studies*, Vol. 28, No. 4. Dec. 1993.

Lepgold, Joseph. *The Declining Hegemon: The United States and European Defense, 1960-1990*. New York: Greenwood Press, 1990.

Lowenthal, Mark M. "Preventive Diplomacy: Prospects and Issues." *CRS Report for Congress*. March 25, 1993.

Maresca, John J. *To Helsinki, The Conference on Securiy and Cooperation in Europe, 1973-1975*. Durham and London: Duke Univ. Press, 1989.

Milner, Hellen. "International Theories of Cooperation among Nations: Strengths and Weaknesses." *World Politics*, No. 44. April 1992.

Morgan, Patrick. "Safeguarding Security Studies." *Arms Control*, Vol. 13, No. 3. 1992.

Rolls, Mark G. "Security Cooperation in Southeast Asia: An Evolving Process." *Contemporary Security Policy*, Vol. 15, No. 2. August 1994.

Romm, Joseph J. *Defining National Security: The Nonmilitary Aspects*. New York: Council on Foreign Relations Press, 1993.

Ruggie, John Gerard. "Multilateralism: The Anatomy of an Institution." *International Organization*, Vol. 46, No. 3. Autumn 1992.

Samore, Gary. "The Korean Nuclear Crisis." *Survival*, Vol. 45, No. 1. Spring 2003.

Snidal, Duncan. "Relative Gains and the Pattern of International Cooperation." *APSR*, Vol. 85, No. 3. September 1991.

The Brookings Institution. *A Plan for Action: A New Era on International Cooperation for Changed World 2009, 2010 and Beyond*. Washington, D.C.: The Brookings Institution, 2008.

Waever, Ole B., M. Kelstrup Buzan, and P. Lemait. *Identity. Migration and New Security Agenda in Europe*. London: Pinter, 1993.

Wendt, Alexander. "Construction International Politics." *International Security* 20-1. Summer 1995.

White, Hugh. "Why War in Asia Remains Thinkable." *Survival*, Vol. 5, No. 6. Dec. 2008.

Young, Oran R. "Regime Dynamics: The Rise and Fall of International Regimes." Stephen D. Krasner(ed.). *International Regimes*. Ithaca and London: Cornell University Press, 1983.

Zacher, M. W. *Governing Global Networks: International Regimes for Transportation and Communication*. Cambridge: Cambridge University Press, 1996.

제2장
동아시아 해양 영유권갈등 해결방안:
해양공동체의 제안*

김태완_동의대학교 정치외교학과 학과장

I. 서론

1. 들어가면서

국가 간 갈등현상은 여러 가지 모양으로 나타난다. 서로 불편함을 직간접적으로 상대국에게 표현하는 것에서부터, 최악의 모습으로는 전쟁에 이르기까지. 갈등이라는 현상은 다양한 수준으로 표출된다. 또 국가 간 갈등의 차원도 다양하다. 정치안보적 갈등은 물론이고, 경제·무역 갈등이 있고, 서로 다른 문명권의 국가들 사이에서는 가치관과 문화적 갈등도 심각

---

* 이 글은 "동아시아 해양공동체"라는 제목으로 2009년 『통일전략』 제9권 제3호, 179-215쪽에 발표한 내용을, 본서의 주제와 취지에 맞게 수정·보완·재정리한 것이다.

하게 나타난다.

해양 영유권갈등은 그 어떤 갈등보다도 해결하기가 어렵다. 갈등 당사국 간에 타협과 조정이 어렵다. 타협과 조정이란 서로 협의하는 가운데 일정부분 서로의 양보를 전제로 하는 행위인데, 영토는 국가의 주권에 속하는 요소로서 자발적인 양보가 불가능하기 때문이다.[1]

본 연구는 이렇게 근본적으로 해결 불가능한 해양 영유권갈등을 어떻게 해결할 수 있겠느냐는 질문에 대한 그럴직한 하나의 답으로서 정책제안을 하고자 하는 목적을 가지고 있다.[2] 그 대답은 동아시아 지역의 해양공동체이다. 동아시아 지역에서 해양공동체가 성립되어 효과적으로 기능한다면, 국가 간 영토문제의 표출에 따른 불필요한 역내국가 간의 소모적 갈등을 덥고 역내 협력에 국력을 집중함으로써 동아시아 지역 공동의 이익을 추구할 수 있다.

---

1) 1648년 웨스트팔리아 조약(Treaty of Westphalia) 이후, 다양한 비국가 행위자가 다양한 수준에서 국가 행위자와 함께 국제관계의 마당에서 행위하고 하고 있지만, 가시적인 주요행위자로서의 국가의 역할은 변치 않고 있다. 이는 국제관계의 여러 행위자 가운데 국가만이 양보할 수 없는 주권을 보유하고 있기 때문이다. 한국의 역사를 보면, 가야가 신라에 나라를 양도하고, 신라가 스스로 고려에 주권을 이양한 사례가 있지만, 이러한 드문 역사의 사례도 신라나 가야가 주권을 스스로 양도하지 않을 경우 국민(백성)들에게 미칠 수 있는 더 큰 희생을 방지하기 위한 자구책으로 이해할 수 있다.

또 다른 예로서, 심각한 무력충돌없이 대한제국이 일본제국에게 주권을 이양하였다. 이 또한 외양적으로는 양국 간의 조약에 의한 것이지만, 이 조약이 정상적인 협의에 의한 결과가 아니라는 것은 역사적인 사실이다. 한일합방조약의 과정에 대한 무효성이 여전히 논란이 되고 있는 이유일 것이다. 즉, 국가의 주권이란 전쟁이나 이에 준하는 강압적인 상황이 아니고는 스스로 양보하는 경우는 없다고 보아도 큰 오류는 없다.

2) 굳이 말하자면, 갈등의 해결이라기보다는 갈등의 효과적인 관리로 표현할 수 있겠다. 그러나 갈등 자체에 초점을 맞춘 것이 아니라 갈등하는 영토문제와 전혀 다른 해양의 효과적인 공동관리에 관심을 기울인다는 차원에서 갈등의 관리와도 다르다 하겠다. 오히려 갈등의 회피에 가깝다. 갈등하는 문제 자체를 회피하고 다른 문제의 협력에 주력함으로써 갈등하는 문제를 잊는다고나 할까. 실질적으로 갈등하는 문제가 해결된 것은 아니지만, 더 이상 갈등했던 문제가 갈등으로 다가오지 않게 되는 것이다.

물론 본 연구에서 제안하는 동아시아 해양공동체 안(案)을 관련 국가들이 적극적으로 수용하느냐 혹은 수용하지 않느냐는 각국의 정책결정자들의 몫이다. 그러나 해양공동체를 위한 노력은 정책결정자로 대표되는 각국의 정치지도자뿐 아니라, 관련 지식인과 비정부시민단체들은 물론 각국의 국민들 개개인의 관심과 노력이 함께 경주되어야 할 문제이다.

2. 해양 영유권갈등의 해결이 가능한가?

근본적으로 양보나 이양이 불가능한 주권국가 간의 해양 영유권갈등의 해결이 가능한가? 해결의 가능여부를 직답하는 것보다는 먼저 이 문제에 접근하는 인식의 전환이 필요하다.

태평양의 낙원과 같은 섬인 괌(Guam)의 어부들은 고통을 대면하는 자세가 보통문명권의 사람들과 다르다. 이들은 옥토와 같이 펼쳐진 연안의 해안가에서 각종 어패류를 채취하는데, 성게도 그 중에 주요한 하나이다. 그런데, 성게 가시에 어부들이 상처와 고통을 당하는 경우가 비일비재하다. 문제는 성게 가시는 딱딱한 일반 가시들이 아니라 부드러운 섬유질로 되어 있어서, 한 번 피부에 박힌 가시를 제거하는 것은 매우 어렵다는 것이다. 뽑아내려고 하면 뽑히지 않고 가시의 끝부분만 떼어낼 뿐이고, 가시는 여전히 피부 속에서 어부들을 괴롭힌다. 문명도시의 일반인들 같으면 병원에서 어떠한 수단을 사용해서라도 성게 가시들을 제거하려 할 것이지만, 이 섬의 어부들은 성게 가시를 그대로 몸에 둔단다. 성게 가시를 빼어내려고 할수록, 성게 가시를 빼내는 것보다 이를 위해 주변의 피부를 상하게 하고 불필요한 고통이 더 많이 발생한다는 사실을 경험을 통해서 알기 때문이다. 이들은 오히려 성게 가시를 몸과 피부의 일부로서 여기며 살아감으로써 더 큰 고통에 직면하지 않고, 성게 가시로 인한 고통도 적응하고 약화시켜간단다.

동아시아 지역 해양에서 존재하는 해양 영유권갈등의 경우도, 주권국가들 사이에서는 전쟁과 물리력을 통한 일방의 원치 않는 굴욕적인 상황이 아니고는 해결될 가능성이 쉽지 않아 보인다. 영토문제는 주권문제이기 때문에, 제거하려고 노력할수록 불필요하게 주변의 피부에 더 큰 상처를 주고 고통을 주는 몸에 박힌 성게 가시와 같지 않을까 생각해 본다.

몸에 박힌 성게 가시를 몸의 일부로 여기는 지혜를 가진 북태평양 섬마을 어부들처럼, 우리도 해양 영유권갈등 문제 자체에 매몰되지 말고 동아시아 지역 전체의 이익을 위한 인식의 전환이 필요하다. 해양공동체를 통해서 영유권문제를 품은 채 역내의 공동 이익을 추구할 수 있다.

다음 부분에서는, 동아시아 해양공동체가 가능한지에 대한 이론적 검토와 사례를 고찰해 보고 난후, 구체적으로 해양공동체가 어떻게 동아시아 지역의 갈등을 넘어 협력으로 나아가는 데 기여할 수 있는지 살펴보겠다.

II. 이론적 검토와 사례

1. 레짐이론[3]

국제레짐 이론가들의 글들을 엮어서 스티븐 크래스너(Stephen D. Krasner)가 1983년에 펴낸, 『국제레짐(International Regimes)』에서 크래스너는 국제레짐을 "국제관계의 특정한 쟁점영역 내에서 행위자들의 기대가 수렴되는 일련의 명시적이거나 묵시적인 원칙, 규범, 규칙 및 정책결정절차의 총체"라고 정의한다. 코헤인과 나이 주니어(Keohane & Nye, Jr.)

---

3) 이 부분은 김태완(2009), 184-187쪽을 참고 정리하였다.

는[4] "상호종속 관계에 영향을 미치는 일련의 지배적 제도장치"라고 정의
한다. 한편, 가시적인 사회제도에 초점을 맞추면서 오란 영(Oran Young)은[5]
"구체적 활동에 이해관계가 있는 행위들을 지배하는 사회적 제도"로 정의
하고 있다.[6] 국제레짐(international regimes)에 대한 주요 학자들의 정의를 표
로 정리해 보면 다음의 ⟨표 1⟩과 같다.[7]

⟨표 1⟩ 다양한 레짐에 대한 정의 및 설명

학자	정의 및 설명
천정웅[8]	국내정치에서와 같이, 하나의 지구적 쟁점에 대해 이해관계가 있는 참여자들의 행위를 규제하는 상호연계망
샌드 (Sand)[9]	레짐은 쟁점영역을 규제하기 위해 동의된 규범, 규칙 및 절차, 또 주권국가 사이의 정부 간 관계 및 국제법과 국내법, 공법부문과 사법부문에서도 함께 작동됨. 따라서 횡국가적 성격을 가짐
해거드 & 사이몬스 (Haggard & Simmons)[10]	패턴화된 행위(patterned behavior)

4) Robert O. Keohane and Joseph S. Nye, Jr., *Power and Interdependence: World Politics in Transition* (Boston, MA: Little, Brown and Company, 1977), p. 19.

5) Oran R. Young, "Regime Dynamics: The Rise and Fall of International Regimes," *International Organization*, Vol. 36, No. 2 (1982), p. 277; Oran R. Young, "International Regimes: Problems of Concept Formation," *World Politics*, Vol. 32, No. 3 (April 1980), p. 332.

6) "Regimes are social institutions governing the actions of those interested in specifiable activities."

7) 김태완 외, 위의 글 중의 ⟨표 2-1⟩을 수정한 것임.

8) 천정웅, 『지구환경레짐의 정치경제학: 환경정치의 쟁점과 환경레짐의 발전』 (서울: 한울아카데미, 1995), p. 155.

9) P. H. Sand, "International Cooperation: The Environmental Experience," J. T. Mathews (ed.), *Preserving the Global Enviroment: The Challenge of Shared Leadership* (New York, NY: Norton & Company), p. 239.

10) Stephan Haggard and Beth A. Simmons, "Theories of International Regimes," *International Organization*, Vol. 41, No. 3 (Summer 1987), p. 493.

로체스터 (Rochester)[11]	다자간의 조정 협력, 공동이익을 위한 협조, 국제기구와 같은 공식기구
코헤인 (Keohane)[12]	국제레짐은 한 번 성립하면, 그 자체로서의 생명력을 가지게 된다.
푸찰라 & 홉킨스 (Puchala & Hopkins)[13]	레짐은 패턴화된 행위가 있는 국제관계의 모든 실질적 이슈영역 에 존재한다.
오란 영 (Young)[14]	국제래짐은 국제사회에서 국가 행위자들의 상호작용에 의해 자 발적(spontaneous) 협상(negotiated)에 의해서 강요된(imposed) 질서(orders)이다.

한편, 국제레짐의 역할과 기능에 대하여 살펴 보면, 신현실주의적인 패
권안정이론에서는 국제레짐의 성립과 유지를 패권국이라 일컫는 강력한
지도국의 역할에 의지하여 설명한다. 따라서 국제레짐이 제대로 기능하지
못하는 것은 패권국의 지도력의 쇠퇴에서 그 원인을 찾는다.[15]

하지만, 크래스너(Krasner)는[16] 행위자와 국제체제 사이의 개입변수
(intervening variables) 혹은 자율변수(autonomous variables)로서 국제레짐을
설명하는데, 이와 같은 크래스너의 설명은 코헤인(Keohane)의 설명과 서로
관련이 있다. 즉, 코헤인은 국제레짐이 일단 성립하면 스스로 생명력을 갖
게 되기 때문에, 레짐이 성립하도록 환경을 제공한 본래의 조건이 사라지

---

11) J. Martin. Rochester, "The Rise and Fall of International Organization as Field of Study," *International Organization*, Vol. 40, No. 4 (September 1986), pp. 799-800.

12) Robert O. Keohane, *After Hegemony: Cooperation and Discord in the World Political Economy* (Princeton, NJ: Princeton University Press, 1984), p. 215.

13) Donald Puchala and Raymond Hopkins, "International Regimes: Lessons from Inductive Analysis," Stephen Krasner, *International Regimes* (Ithaca, NY: Cornell University Press, 1983), p. 63. "a regime exists in every substantive issue-area in international relations where there is discernibly patterned behavior."

14) Oran Young(1982) 위의 글, p. 282-285.

15) Charles Kindleberger, *World in Depression* (Berkeley, CA: University of California Press, 1973).

16) Stephen D. Krasner, "Structural causes and regime consequences: regimes as intervening variables," Stephen D. Krasner, ed., *International Regimes* (Ithaca, Ny: Cornell University Press, 1983), pp. 1-24.

더라도 레짐은 그 생명을 지속하게 된다고 주장한다.[17] 오란 영은[18] 기존의 레짐이론들을 재정리 분석하면서 국제정치에서 레짐이론이 여전히 그 유효성을 지속해갈 것으로 전망한다. 결국, 국제레짐은 공동이익의 성취를 위한 국가들 간의 협력으로 성립하는 것이며, 비록 초기에 효과적으로 출범하는 빚을 패권국에게 지더라도 관련국들 사이에서 공유되는 공동의 이익이 지속적으로 추구될 만한 가치가 존재하는 한, 그 레짐은 생명력을 유지하고 관련국들의 이익에 지속적으로 기여하게 된다.

따라서 이 연구에서 제안하는 '동아시아 해양공동체'의 제도화는, 이러한 신자유주의적인 전제를 바탕으로 하고 있다. 비록 유엔해양법협약이 동북아시아의 현실에 적용되는 과정에서 관련국들의 협력을 촉진하기 보다는 오히려 갈등을 유발하는 현상이 발생함에도 불구하고, 여전히 유엔해양법협약이 역내 지역의 현실에 맞게 적용될 수 있다는 믿음에 기초한 방안 제시이다. 동아시아 해양공동체가 일단 공고히 되면, 역내 국가들의 해양관련 공동이익에 지속적으로 기여하게 되고, 역내 국가들은 주권차원의 명분싸움이라 할 수 있는 영유권에 대한 분쟁(갈등)보다는 제도화된 해양공동체를 통한 상호공동이익에 국가정책의 우선순위를 두게 될 것이다.

2. 유럽연합의 해양협력 사례

유럽연합은 이미 1999년에 역내 단일통화인 유로(Euro)화를 출범시켜서 미국의 달러화 및 일본의 엔화와 함께 지구무역에서 주요 통화로 자리 매김함으로써 경제적으로 하나의 공동체를 형성하였다. 또, 2009년 12월 1일 리스본조약이 발효됨에 따라, 정치적으로도 하나의 주체로 성큼 다가서고

---

17) 〈표 1〉을 보시오.

18) Oran R. Young, *Governance In World Affairs* (Ithaca, NY: Cornell University Press, 1999).

있다. 하나의 유럽을 향한 유럽연합의 이와 같은 발전은 물론 하루아침에 이루어진 것이 아니다. 2차 세계대전 중 최대의 적국이었던 프랑스와 독일이 석탄과 철강부문에서 협력을 시작함으로써 그 맹아가 싹트기 시작하였음은 널리 알려진 사실이다.

하지만, 해양분야에서의 협력 또한 그 기여가 적지 않았다. 소위 '유럽공동수산정책위원회(the Common Fisheries Policy: CFP)'가 출범한 것은 1983년이었지만, 이미 1970년에 수산업분야에서 보조를 맞추기 시작하였다. 전통적으로 연안에서 소규모 조업활동을 영위하던 소규모 수산업자들에 대한 기득권을 확보해 주는 범위 내에서, 역내 모든 회원국들이 서로의 회원국의 바다에 자유롭게 접근하여 조업활동을 하도록 했던 것이다. 또한, 역내 공동의 수산물 시장을 제공하기로 합의하였다.[19] 또한, 2007년부터 2013년까지 7년간 유럽공동수산정책위원회의 활동을 재정적으로 지원하기 위해 '유럽수산업기금(European Fisheries Fund)'이 성립되었으며 활동 중에 있다.[20] 이러한 유럽연합의 해양협력 사례는 동아시아 해양협력에 깊은 교훈을 줄 수 있기에, 향후 심도 있는 연구가 필요할 것으로 사료된다.

사실, 지난 1997년 20세기 말의 아시아 금융위기를 계기로 필요성이 강력히 제기된 소위 '아시아통화기금' 출범의 필요성이 21세기 초인 현재의 세계적인 금융위기를 계기로 더욱 힘을 얻게 되어, 2009년 5월 5일 일본 교토에서 열린 제10차 '아세안+3 재무장관 회의'에서 아시아통화기금의 조성을 합의하기에 이르렀고, 각 국가들의 출자 비율도 정해졌다.[21] 이는 동아시아에 최근 닥친 심각한 금융위기에 공동으로 대응하고자 하는 뜻이다. 경제분야의 공동대응뿐 아니라, 해양분야에서 동아시아의 공동대응도

---

19) http://ec.europa.eu/fisheries/cfp_en.htm (검색일: 2009년 12월 3일).

20) http://ec.europa.eu/fisheries/cfp/structural_measures/eff_objectives_en.htm (검색일: 2009년 12월 3일).

21) http://www.yonhapnews.co.kr/bulletin/2009/05/03/0200000000AKR20090503002600002. HTML?source=rss (검색일: 2009년 11월 11일), http://www.hani.co.kr/arti/econ03y/finance/207538.html (검색일: 2009년 11월 11일).

화급을 다투는 중요한 일이라 하겠다. 동아시아에서 해양협력의 촉진을 위한 공동기금도 논의될 필요가 있겠다.

III. 동아시아 해양공동체를 통한 영유권갈등 회피

동북아와 동남아를 아우르는 동아시아의 바다에는 가까운 미래에 해결될 기미가 보이지 않는 관련국 간의 갈등이 상존해 있다. 동시에, 관련국들이 유기적으로 협력하지 않으면 근본적인 해결을 볼 수 없는 문제들이 산재해 있다. 상존하는 갈등을 먼저 해소하고 협력을 통해 공동이익을 확보한다면 최선이겠지만, 상존하는 갈등이 단기간 내에 쉽게 해소될 수 없는 성격의 것이라면, 갈등의 해소에만 집중하는 것은 모두에게 보다 이익이 되는 협력에 방해가 될 수 있다.

동북아시아 관련국들의 해양 관련 갈등은 국가의 주권과 관련된 것으로서 어느 일방의 양보나 타협에 쉽게 이를 수 없는 전형적인 제로섬(zero-sum)게임의 성격을 띠고 있다.[22] 국제관계에서, 협상의 대상이 제로섬적 성격으로 인식되면 협상에 임하는 국가들은 서로 양보나 타협할 수 있는 여지를 갖지 못하게 된다. 당사국 간의 평화적 해결이나 제3국의 개입에 의한 중재의 가능성도 희박하게 된다.[23] 문제를 반드시 해결해야 한다는 당위와 명분에 집중하게 되면, 오히려 물리력에 호소하고자 하는 유혹을 받게 된다. 만일 양측 모두가 군사적 물리력에 의해 해결을 볼 수 없다고 판단된다면 당장에 해결하려 하지 않고, 일단 상황의 악화를 방지하기 위해

---

22) 김태완(2008) 앞의 글, p. 323.
23) 백진현, "독도 영유권문제와 국제갈등 관리," 『분쟁해결 연구』 제4권 제1호, p. 12.

덮어두게 된다. 그러나 이것은 갈등의 근본적인 해결이 아닌 임시방편으로서, 언제고 다시 문제가 불거져 나올 가능성을 내포하게 된다. 동북아시아의 한국, 중국, 일본 사이에 현실적으로 존재하고 있는 영유권 관련 갈등도 이러한 특징을 가지고 있다.

국가 간에는 갈등의 해소이건 협력이건 간에, 협상이라는 과정을 통하게 된다. 갈등을 해소하고 협력을 성취하기 위해, 협상 관련국들은 다양한 협상전략을 구사하게 된다. 그 가운데, 해결이 간단치 않고 여러 가지 요인이 복잡하게 얽힌 문제의 경우는, 그 문제를 해결 가능한 여러 가지로 분리하여 합의가 가능한 것부터 우선순위에 따라 협의하고 해결하는 '분리전략(fractionation)'을 사용하는 것이 효과적이다.[24]

동북아시아의 해양을 둘러싼 국가 간 갈등은 유엔해양법협약이 제공하는 약 370km에 이르는 200해리의 배타적 경제수역이 갖는 막대한 이익에 직접적으로 기인하는 것이지만, 동북아시아 지역의 근현대사의 경험을 통해 형성된 각국 간의 불신과 배타적 민족주의 등 복잡한 정치적 문제들이 복합적으로 작용한 '동북아시아의 특수성'이 원인이 되어 발생하는 현상이다.[25] 따라서 단시일에 쉽게 해결을 볼 수 있는 성격의 것이 아니다.

때문에, '동북아시아의 특수성'에 속하는 부분들은 배타적 경제수역의 경계획정 문제들과 분리하고, 한국과 중국 및 일본이 서로 해양문제에서 협력해야 할 문제들 만에 관심을 집중시켜 상호협력을 공고히 한다면, 갈등의 쟁점들도 해결되는 효과를 얻을 수 있을 것이다. 실제로, 동아시아의 해양문제와 관련한 역내 국가 간의 협력은 뒤로 미룰수록 그 효과가 반감된다. 해양자원 개발문제가 그렇다. 심지어 해양환경 보호를 위한 역내 국가들 간의 협력은 시기를 놓치면 해양오염으로 인한 돌이킬 수 없는, 파국으로 이어질 수 있는 매우 위급한 사안이다.

---

24) Joshua S. Goldstein and Jon C. Pevehouse, *International Relations*, 7th edition (New York, NY: Pearson Longman, 2006), p. 64.
25) 김태완(2007) 앞의 글, pp. 319-325.

다음에서는 동북아시아뿐만 아니라, 동남아시아를 아우르는 동아시아 전체의 유기적 협력이 요구되는 해양자원 개발과 해양환경오염 및 해상교통로 문제를 살펴보겠다.

1. 해양자원 개발 협력

동북아시아 해양에서 벌어지고 있는 갈등은, 현상을 제로섬 성격의 갈등으로 보고 국가 주권과 안보와 관련된 상위정치(high politics)의 측면에서 해결하고자 하는, 현실주의에 근거한 노력으로는 그 해결이 요원하다. 아니, 현실주의에 있어서 국가 간의 갈등은 근본적으로 해소되는 것이 아니라 국가 간의 세력균형에 의해서 관리될 뿐인 것이다. 만일 한 · 중 · 일 3국 간의 갈등이 무력충돌로 비화되지 않고 지금과 같이 현상유지하는 것이 궁극적인 목표라면 문제될 것이 전혀 없다.

한국의 입장을 예로 들어보자. 비록 일본 측이 끊임없이 이의를 제기하더라도, 현실적으로 독도를 한국의 영토로서 관리하고 있는 상황에서는, 한국에게 현실적으로 손실이 되는 것은 없다. 일본이 무력으로 독도를 강점하지 않는 다음에야, 아무리 정치적 · 외교적 수사를 남발한다 해도 한국이 포기 하지 않는 한, 여전히 독도는 한국의 실질적 영토로 남게 될 것이다.

그런데, 한국이 독도에 대하여 실질적으로 영토권을 행사하느냐 하는 문제는 다르다. 즉, 실질적으로 한국령인 독도에 대해서 영토권을 행사한다는 것은 영토 내의 자원을 개발하고 환경을 보존하기 위한 각종 과학적 조사와 행위를 외부의 간섭없이 자유롭게 수행할 수 있다는 것을 의미한다. 영토의 주변 바다에 관해서도 마찬가지다.[26] 한국과 일본은 현재 동해상에

---

26) 독도는 12해리의 영해를 가지고 있다. 하지만, 200해리의 배타적 경제수역을 가지느냐는 국제해양법협약 및 배타적 경제수역의 경계와 관련한 한국과 일본 정부의 협상에 의해 달라질 것이다.

서의 배타적 경제수역 경계를 확정하지 못하고 있다. 지금까지 10회에 걸친 한일 간에 배타적 경제수역 회담이 진행되었지만, 여전히 합의에 이르지 못하고 평행선만 그리고 있다. 2009년 3월 9일 서울에서 개최되었던 제10차 회담에서는, 울릉도와 독도의 중간선을 경계로 해야 한다는 일본 측의 주장에 대하여, 한국 측은 울릉도와 일본의 오키섬의 중간선을 경계로 해야 한다는 기존의 입장을 독도와 오키섬의 중간선으로 수정하였다.[27]

앞으로도 양국 간의 배타적 경제수역의 경계선 획정이 가까운 시일 내에 자발적인 협의에 의해 이루어질 것으로 기대하기는 힘들다. 따라서 독도 영유권만 생각한다면, 현재로서 한국의 입장에서는 아무런 손실이 없다. 현상유지는 곧 독도에 대한 한국의 실질적 주권이 유효함을 의미하는 것이다.

그러나 한·일 간에 배타적 경제수역의 경계선이 획정되지 않은 채, 현재와 같은 상황의 지속은 독도에 대한 주권유지라는 명분 이외에는 가시적 이득이 없다. 독도 주변의 해양에 대한 과학적 조사와 연구활동뿐만 아니라, 해양오염 방지와 환경보존과 같은 활동도 자유롭게 할 수 없다. 해저자원의 개발을 자유롭게 수행하지 못함으로써, 막대한 경제적 손실을 입고 있는 셈이다. 현실적으로 일본을 의식해서 독도의 12해리 영해를 벗어난 해양에서의 이와 같은 활동에 제약을 받고 있기 때문이다.

이러한 현상은 중국과 일본 사이의 센카쿠(댜오위다오) 열도를 보면 더욱 분명하다. 1972년 미국이 오키나와와 함께 일본으로 센카쿠 열도를 반환한 것에 대하여, 중국 측이 이의를 제기함으로써 영유권문제가 가시화되었는데, 1978년 덩샤오핑이 일본을 방문하면서 영유권문제를 후세에 넘기고, 주변 해양자원의 공동개발을 통해 실질적으로 양국에게 이익이 될 수 있도록 합의를 보았다. 30여 년 동안 양국 간에 굴곡이 있었지만, 최근

---

27) http://news.chosun.com/site/data/html_dir/2009/03/09/2009030901703.html (검색일: 2009년 9월 9일).

까지도 공동 자원개발을 위한 노력은 지속되고 있다.

즉, 중국과 일본 간에도 센카쿠 열도 영유권 때문에, 주변의 배타적 경제수역의 경계를 획정짓지 못하고 있지만, 대표적 제로섬 게임 성격의 영유권문제와 분리하여 주변 해역에 대한 공동 자원개발을 통해 양국에게 이익이 되는 방향으로 노력을 기울이고 있는 것이다. 영유권과 배타적 경제수역 경계획정에 집중하게 되면, 정작 막대한 에너지 자원의 확보라는 실질적인 이익에서는 양국 모두 손실을 보게 되기 때문이다.

하지만, 중·일 양국의 노력에도 불구하고, 최근 중복되는 배타적 경제수역 주변의 춘샤오 가스전 개발과 관련한 양국의 갈등 양상은 배타적 경제수역의 경계선이 확정되지 않은 상태에서의 해양협력이 얼마나 어려운지를 반증하고 있다. 2010년 9월 7일 센카쿠 열도 근해에서 중국의 어선이 일본 순시선을 들이받고 일본 순시선에 어선이 나포되고 선장과 선원이 체포되는 사건이 발생했는데, 이후 이 사건은 영유권과 배타적 경제수역 및 주변의 해저 자원을 개발함에 있어서 중일 간의 협력이 얼마나 견고하지 못한지를 보여준 것이었다.[28] 이후 일본 방위성은 센카쿠 주변 중국과 인접한 섬 지역에 일본의 '연안 감시대'를 배치하여 중국의 동향을 감시하는 활동을 강화하기로 했다.[29] 이런 와중에 러시아의 메드베데프 대통령은 일본의 북방영토(남쿠릴 열도)에 전격 방문함으로써 일본이 이에 항의하는 사태가 발생하였다.[30] 센카쿠 열도(댜오위다오)나 북방영토(남쿠릴 열도)는 모두 관련국 간에 협력을 누누이 강조하였지만, 기회가 있을 때마다 양국

---

28) http://www.economist.com/node/17049121?story_id=17049121&CFID=149121561&CFTOKEN=71070677 (검색일: 2010년 10월 2일), http://www.yonhapnews.co.kr/politics/2010/09/28/0503000000AKR20100928050700009.HTML?template=2088 (2010년 10월 28일).

29) http://www.yonhapnews.co.kr/politics/2010/11/08/0521000000AKR20101108043800073.HTML?template=2089 (검색일: 2010년 11월 8일).

30) http://news.chosun.com/site/data/html_dir/2010/11/02/2010110200114.html (검색일: 2010년 11월 3일).

의 관계를 악화시키는 요인으로 작용해 왔다. 두 지역에 대한 영유권에 대한 합의를 이끌어내지도 못하고 주변 해역에서의 자원개발과 이용도 지체되고 있는 현실이다. 이러한 현실은 관련국 간의 갈등이 합의에 의해서 순조롭게 해결될 가능성에 대하여 회의를 갖게 한다.

2. 해양 환경보존 협력

동북아시아에서의 해양환경 오염은 심각하다. 세계의 공장이라고 일컬어지는 오늘날의 중국은 대부분의 산업시설이 중국의 해안(海岸)지역을 따라서 집중되어 있다. 엄청난 오염물질을 바다로 배출하고 있다. 또한, 1993년 착공하여 2006년 3월에 완공된 세계 최대의 삼협댐(싼샤댐)은 황해바다와 동지나해의 해양오염의 주범으로 지목받고 있다.

경계가 없는 바다의 오염은 바다를 공유하는 모든 국가들에게 피해가 돌아간다. 오염으로 인한 어족자원의 고갈로 인한 피해도 모든 역내 국가들의 몫이다. 한 국가가 연안바다를 깨끗이 가꾸고 어족자원 보호에 노력하더라도 역내 바다를 공유하는 모든 국가들의 협력이 없이는 좋은 결과를 얻을 수 없다. 결국에 바다는 하나로 연결되어 있을 뿐 아니라, 하천의 담수가 바다로 흘러들어 오기 때문에 역내 국가들이 자국의 하천 오염을 방치하는 경우에는 바다의 오염을 막을 길이 없다. 따라서 해양오염을 방지하고 해양환경을 보존하기 위한 협력은 한 국가라도 무임승차하면 효과를 볼 수 없는 중차대한 사안이다.

이미 동아시아 해양오염을 축소하고 해양환경 개선을 위한 역내 국가간 협력은 상대적으로 많은 진척을 보고 있다. '한중환경협력협정', '한일환경협력협정', '한러환경협력협정,'이 양자간 체결되어 있고, '동아시아 지역해관리프로그램(PEMSEA: Partnerships in Environmental Management

for the Seas of East Asia)'[31]과 '황해광역생태계관리프로그램(YSLME: Yellow
Sea Large Marine Econsystem Project)'[32] 및 '북대서양실천계획(NOWPAP:
Northwest Pacific Action Plan)'[33] 등은 다자간 협력체 역할을 수행하고 있다.

하지만 해양환경 및 생태관련 국가 간 기구들의 기능이 서로 중복되기
도 하고 각 기구 간 협력과 운용에서도 정도의 차이가 있어서, 역내 국가
간의 효과적인 협력을 위해서는, 해양관련 '단일 협력체'가 필요하다. 유
엔해양법협약이 해양관련 전 지구적 레짐이라면, 동아시아에서 그 하부
레짐으로서 동아시아 해양을 총괄할 수 있는 지역레짐을 구상할 수 있다.

유엔해양법협약은 '인류 공동유산인 해양자원의 효과적인 활용과 해양
환경의 보존'이라는 목적을 그 전문에 분명하게 명시하고 있다.[34] 따라서
유엔해양법협약의 비준국들로 이루어진 동아시아 역내 국가들이 이 협약
의 목적 성취를 위해 그 협약 규정들을 준수하는 '지역 해양공동체'를 출
범시킬 수 있겠다.

3. 해상교통로 확보

대만과 필리핀 사이의 '바시 해협(Bashi Channel)'과 남지나해의 남사군
도 및 말라카 해협을 잇는 해로는 한국뿐 아니라 동북아시아 역내 국가들
의 주요 해상교통로이다. 이 해로를 통해 중동의 원유는 물론이고 남북아
메리카와 오세아니아를 제외한 지역의 수출입 물동량의 대부분을 수송하
고 있다.

이 해상교통로가 역내 국가들에게 생명줄과 같은 역할을 함에도 불구

---

31) http://pemsea.org/
32) http://www.yslme.org/
33) http://www.nowpap.org/
34) 유엔해양법협약 전문 참조.

하고 해적들의 출몰이 잦다는 것이다. 한국의 예를 들면, 2005년에 해적의 습격을 받은 현대상선의 컨테이너선(스프린터호)이 배 후미에서 물대포를 해적들에게 쏘면서 최고 속도로 말라카 해협 통과에 성공하여 위기를 모면한 적이 있다.[35]

해상교통로를 위협하는 것은 해적뿐만이 아니다. 해상교통로 주변국들이 해양자원을 둘러싼 갈등을 벌이면서 충돌할 경우도, 이 지역을 통과하는 선박들에게 위협이 되기는 마찬가지다. 또, 말라카 해협과 같이 좁은 해협은 통과 선박들에 의한 해양오염도 심각하다. 이러한 해양오염에 대한 복구 및 해협 유지 비용을 자의적으로 부담시킬 경우도 해상교통로의 원활한 교통을 저해하는 요인이 될 수 있다.

따라서 해상교통로의 안전한 확보는, 선단보호를 위하여 역내 국가들이 공동으로 경비해군력을 유지하는 것에서부터 해협 운용 국가들이 자의적인 규정으로 원활한 교통을 방해하는 사례가 없도록 조정하는 것에 이르기까지 광범위하다.

요약하면, 다음의 3가지 이유로 동아시아 해양을 총괄적으로 관리하는 단일한 해양협의체를 추진하여야 한다. 첫째는, 해양자원의 개발과 해양환경의 오염방지 및 환경보존을 위해서이다. 이것은 유엔해양법협약의 전문에 분명히 명시된 것으로 해양레짐이 출범하게 된 동기이고 목적이다.

다음으로는, 해상수송로의 안정적 확보라는 역내 국가들의 공동이익을 위해서이다. 해상수송로는 바시 해협과 남사군도 및 말라카 해협을 잇는 해로로서 동북아시아뿐 아니라 동남아시아에 걸쳐 있으므로 두 지역을 아우르는 동아시아 전체 바다에 대한 레짐을 건설하여야 효과가 있다.

경제는 물론이고 안보문제와 관련하여서도 아세안 국가와 한·중·일 3국이 연계하는 '아세안+3'이 활발하게 움직이고 있다. 바다 자원의 효과적인 개발과 이용 및 환경보존 그리고, 해상교통로를 해적으로부터 안전

---

35)『조선일보』, 2005년 7월 2일자 참조.

하게 확보하는 문제는, 경제발전의 정도, 정치체제의 상이성뿐 아니라 인구와 국가 규모 그리고 문화적 차이와 관계없이, 동아시아 역내 국가들 간에 더욱 긴급을 요하는 사안이다.

또한 세 번째 이유는, 정교하게 고안된 해양레짐에 의한 동아시아 해양공동체 운영의 경험이 궁극적으로 역내 국가들 간의 근현대사 경험을 통해 내재된 상호불신을 희석시킬 것이라는 믿음 때문이다. 또, 해양을 통한 협력이 가져다주는 긍정적 경험의 축적은 정치 안보분야에서의 협력도 촉진하여 동아시아 공동번영의 밑거름이 될 것이다.

궁극적으로 동아시아 해양공동체를 완성하기 위하여, 해양자원의 개발과 해양환경 보존 및 해상교통로 확보를 구체적인 목적으로 하는 '동아시아 해양위원회'를 동아시아에 설치할 필요가 있다. 이는 각국 지도자의 정치적 리더십과 역내 시민들의 공감대가 필요한 것이다. 또한 '동아시아 해양위원회'는 구체적으로 다음과 같은 점들을 유의할 필요가 있겠다.

4. 해양공동체의 필요성

유엔해양법협약이 동아시아 해양문제에 있어서 보편적이고 보다 안정적인 질서의 틀을 제공하는 데 크게 기여하였음에도 불구하고, 레짐의 구조적 한계는 꾸준히 지적되어 왔다. 그 해결방안으로서 유엔해양법협약을 동아시아 지역에 적용함에 있어서, 이 지역에만 적용되는 새로운 해양레짐을 위한 구체적인 협력이 필요함을 몇몇 학자들은 지적하고 있다.

우선, 한국에서도 제주대학교의 김부찬, 김진호, 고성준은 2001년, 넓은 공해의 자유해양론에 근거한 전통적인 해양질서가 붕괴되고 연안국의 해양관할권을 확대하는 새로운 신해양질서가 형성되는 근거로서 해양법협약을 지적했다.[36] 공해를 축소하고 연안국의 해양관할권을 확대하는 것은 관련국의 대립과 갈등을 고조시킬 수 있음을 지적하였다. 그러면서 동북아 지역에서 역내 국가들이 어업을 포함한 해양 이용에 대한 지역협력체를 강화할 필요를 역설하였다.

백진현(Paik)[37]은 논의의 범위를 동북아시아에서 동남아시아를 포함한 동아시아 전체 해양으로 확대하면서, 해양법협약이 동아시아에서 해양관련 문제들을 해결하지 못함을 지적하고 동아시아 지역 해양레짐의 건설을 주장했다. 백진현이 지적한 동아시아 해양관련 문제는 해상교통로 확보를 포함한 '해양안보' 문제와 '영유권 분쟁' 문제를 포함하고 있다. 사실, 유엔해양법협약은 해양안보를 목적으로 출범한 레짐이 아니므로 이러한 문제를 해결하는 데 직접적으로 기여할 수 없는 것은 당연하다. 그럼에도 불구하고, 해양법협약 전문은 해양법협약의 출범은 경제사회의 발전은 물론이고 세계평화와 안보 및 협력에 기여할 수 있을 것이라고 천명하고 있다.[38]

발렌시아(Mark J. Valencia)와 아마에(Yoshihisa Amae)는 2003년 논문에서 동북아 지역이 다른 지역에 비하여 지역의 국제기구가 부족한 현실이지만, 동지나해 해저와 대륙붕이 연안국에서 권리를 주장하지 않는 지역이 없으리만큼 역내 국가의 이해가 첨예하게 대립되는 지역이기에 국가 간 갈등이 상존하는 지역이라고 평가했다.[39] 이런 상황에서 미국의 강력한 영향력이 냉전 이후 축소됨에 따라 중국과 일본의 역내 해역에 대한 영향력이 증대하고 있는데, 이들을 중심으로 미국을 점차로 대신해서 역내 해역의 어업 과학연구는 물론이고 군사활동 분야의 갈등까지 조정할 수 있는

36) 김부찬·김진호·고성준, "동북아해역의 분쟁해결 및 협력체제 구축방안," 『신아세아』제8권 제2호 (2001년 여름), pp. 95-117.

37) Jin-Hyun Paik, "Maritime Security in East Asia: Major Issues and Regional Responses," *Journal of International and Area Studies*, Vol. 12, No. 2 (2005), pp. 15-29.

38) 유엔해양법협약(UNCLOS) 전문 참조.

39) Mark J. Valencia and Yoshihisa Amae, "Regime Building in the East China Sea," *Developments and International Law* (2003), pp. 189-208.

레짐의 건설이 필요하다고 주장하였다.

이 글에 앞서 발렌시아(Mark J. Valencia)는[40] 2000년에 이미 해양관련 문제는 아시아 안보의 중요한 부분임을 지적하고 해양법협약이 제공하는 200해리 EEZ는 경쟁국 간의 배타적 권리를 주장할 수 있게 하기 때문에, 이를 평화적이고 안정적으로 조정할 동남아와 동북아를 아우르는 동아시아 지역의 해양레짐이 필요하다고 제안했다. 그는 지역해양레짐의 성공적 출범을 위해 고려해야 할 사항들을 제시했다.

발렌시아(Mark J. Valencia)가 제시한 고려사항들은 다음과 같이 여러 가지가 있다. 1) 협력에 대한 긍정적 시각, 2) 협력으로 얻는 것이 잃는 것보다 큼을 인식, 3) 레짐이 참여국에게 공평할 것, 4) 참여국이 레짐을 "기회의 창"으로 활용할 것, 5) 과정이 합리적, 6) 가능한 부분부터 협력하여 점차 심층적인 협력이 되도록, 7) 목적과 기능이 분명할 것, 8) 지역, 회원국 및 규정과 정책결정에 관한 분명한 기준, 9) 중앙집권을 지양하고 분권적인 의사결정을 지양, 10) 레짐은 구체적인 정책에 초점을 맞추고, 협상은 전문 외교관들이 담당, 11) 주도적으로 추진하는 국가가 있을 것 등등이다.

종합하면, 역내 해양과 관련된 다양한 문제들을 해결하기 위해 해양법협약은 한계가 있으며, 역내의 문제를 보다 실질적으로 관리할 지역의 해양레짐이 필요하다는 것을 주장한 연구들이 있어왔지만, 이들 대부분은 해양 관련 포괄적인 문제들을 모두 해결하려는 목적을 제시하고 있기 때문에 실질적으로 현실화하는 데 장애가 컸다. 협력에 가장 큰 문제는 안보 및 영유권과 관련된 사안들이다. 안보의 문제는 냉전 이후에 역내에서 중국과 일본의 역내 경쟁이 존재하고, 여전히 중국과 미국의 전략적인 이익이 교차하는 현실에서, 동북아 지역에서 안보문제를 다루고서는 해양협력

---

40) Mark J. Valencia, "Regional Maritime Regime Building: Prospects in Northeast and Southeast Asia," *Asian Perspective*, Vol. 31, No. 1 (2000), pp. 127-167.

이 요원할 수밖에 없다.

동북아시아의 바다에서 새로운 해양레짐을 통해 역내 국가들의 바다를 둘러싼 협력을 증진시키기 위해서는 각국의 이해관계가 타협을 보기 어려운 '안보문제와 영유권문제를 철저히 배제'시켜야 한다. 또 각국 간에 레짐의 목적에 대한 분명한 합의에서 논의가 시작되어야 한다. 즉, 영내 바다에서 해양자원의 개발 및 해양환경보존을 통한 어족자원의 공동보호와 공동관리 정도로 목적에 제한을 두면 현실적일 것이다.

논의 가능한 해양협력제도화는 다음과 같은 사안들이 될 수 있을 것이다.

1) 역내 국가들은 역내 바다들을 총괄적으로 관리하는 '해양위원회'를 합리적으로 설치한다.

2) '해양위원회'는 유엔해양법협약을 동아시아의 현실에 맞게 적용하는 것을 목적으로 하며, '해양위원회'의 규정에 구체적으로 명시되어 있지 않는 것들은 유엔해양법협약의 규정에 따른다.

3) '해양위원회'는 해양자원의 개발과 해양환경 보존 및 해상교통로 확보를 그 명시적인 목적으로 하며, 이와 관련된 제반 사안과 관련하여 구체적이고 구속력 있는 규정들을 갖는다.

4) 영유권과 관련해서 역내 국가 간 불일치를 보이는 문제는 다루지 않는다.

5) 정치 군사 안보와 관련된 문제는 다루지 않되, 영해를 벗어난 역내 해양에서의 일정 규모 이상의 훈련은 '해양위원회'에 사전 통보한다.

6) '해양위원회'의 책임 아래 역내 국가들의 연합으로 구성된 순찰함대를 상설화하여 해상교통로를 역내 해양공동체의 책임하에 안정적으로 확보한다.

7) 해양자원 개발, 해양에 대한 과학적 조사, 해양오염 방지 및 환경보존 활동 등을 '해양위원회'의 책임하에 공동 수행한다.

8) 어업과 관련하여서는 기존의 각 국가 간 어업협정을 기반으로 하되 궁극적으로 '해양위원회' 산하의 어업관리 기구로 통합되도록 노력

한다.

9) 200해리의 배타적 경제수역은 그 범위 내에서 자유롭게 정할 수 있는 것이므로(유엔해양법협약 제57조), 역외 국가들에 대하여 배타적으로 적용하고, 역내 국가들은 중복수역이 발생하지 않는 최대한의 배타적 경제수역을 가질 수 있도록 하며, 중복되는 수역에 대하여는 '해양위원회'가 관리토록 한다. 그 수역에서의 해양자원 개발과 해양생태의 과학적 조사 및 환경보존과 같은 제 문제는 '해양위원회'가 관리한다.

한편, '해양위원회'의 활동을 효과적으로 지원하기 위한 소위 '동아시아해양기금'이 조성되어야 할 것이다.

IV. 결론: 정책의 제안

이제까지 살펴본 것처럼, 신자유주의적 국제관계 시각의 통념과는 달리 유엔해양법협약은 동아시아 지역에 적용되면서 역설적이게도 관련 국가 간 해양갈등을 표면화하는 현상을 낳았다. 이것은 유엔해양법협약이 최대 200해리까지 제공하는 배타적 경제수역의 경계획정의 비현실성에 기인하는 바가 크다. 또한, 해양법 레짐 자체가 관련 국가들을 제제할 수 있는 강력한 규정들을 갖고 있지 못한 것도 원인이다.

무엇보다 큰 원인은 인류공동의 유산으로서의 해양을 보호하고 그 자원개발과 활용의 혜택이 모든 국가들이 공평하게 돌아가서 지구촌 평화와 안정을 실현하고자 하는 유엔해양법협약의 목적을 역내 국가들이 최우선적으로 공유하지 못하기 때문이다. 즉, 1996년 레짐을 비준한 역내 국가들은 레짐의 목적에 동의하고 그 성취보다는, 200해리 배타적 경제수역의 확보를 통한 자국의 경제적인 이익확보가 가장 중요한 가입 동기와 목적이기 때문이다.

따라서 유엔해양법협약과 관련하여, 신자유주의적 국제관계 시각의 통념과 동아시아의 해양갈등 현상이 서로 상충되는 듯 보임에도 불구하고, 그 갈등의 해결방안을 강구함에 있어서 여전히 신자유주의적 접근은 유효하다. 역내 국가들과 해양법협약의 목적 사이에 존재하는 괴리를, '동아시아 해양공동체'라는 동아시아 실정에 맞는 새로운 지역 해양레짐의 건설을 통하여 극복할 수 있을 것이다.

성공적인 역내 해양협력을 위해서는 정치 · 군사 및 해양 영유권과 관련된 사안들을 철저히 배제하는 역내 국가들의 합의가 전제되어야 한다. 그렇지 않고서는 경험을 통해서 학습해온 것처럼, 국가 간 주권과 정치적 상황변화에 따라 역내 해양협력이 표류할 가능성이 매우 크기 때문이다. 또한, 동아시아 해양공동체가 구체적으로 제도화되어 잘 기능하여 역내 국가 간 공동의 이익이 지속적으로 창출되면, 도서영유권과 같은 국가 간 갈등의 사안들이 국가 간 관심을 갖고 해결해야 할 우선순위에서 밀려나게 된다. 그렇게 함으로써 근본적으로 영유권문제가 사라지지는 않더라도 더 이상 영유권문제로 인해서 역내 국가 간 불필요한 갈등으로 국력을 소진하지 않게 될 것이다. 해양공동체를 통한 해양환경의 보존과 해양개발을 통한 공동이익은 영유권을 주장하는 섬들 자체의 소유권이 어디에 있든지 간에, 모든 역내 국가들에게 고르게 돌아갈 수 있기 때문이다.

정치 · 경제 · 사회 문화적인 총체적 지역협력의 경험이 일천한 동아시아 지역은 각 쟁점별 · 현안별로 단편적인 협력의 경험을 가지고 있다. 이번에 동아시아 전체 해양에 관한 종합적 협력의 경험을 축적하면, 역내 국가 간 신뢰의 축적을 통해 더 심화된 지역공동체 형성에 도움이 될 것이다. 역내 국가들의 정치 지도자들은 물론 시민들의 공감대가 필요하다. 동아시아 해양공동체의 토대를 튼튼히 하기 위하여, 시민 개인뿐만 아니라 정부 및 비정부 단체들의 실질적인 교류와 담론의 심화가 절실하다.

| 참고문헌 |

김부찬 · 김진호 · 고성준. "동북아해역의 분쟁해결 및 협력체제 구축방안."
『신아세아』 제8권 제2호. 2001.

김영구. 『한국과 바다의 국제법』. 서울: 21세기북스, 2004.

김태완. "동아시아 해양공동체." 『한국통일전략학회』 제9권 제3호: 179-215
쪽. 2009.

_____. "유엔 해양레짐과 동북아 해양갈등." 전기원 외. 『쟁점으로 본 동아시
아 협력과 갈등』. 서울: 오름, pp. 311-331. 2008.

_____. "유엔해양법협약 레짐과 동아시아 갈등." 『국제정치연구』 제10권 제1
호. 2007.

박춘호 · 김한택. 『국제해양법』. 서울: 지인북스, 2009.

백진현. "독도 영유권 문제와 국제갈등관리." 『분쟁해결 연구』 제4권 제1호.
pp. 9-24. 2006.

이학수. "동아시아 해양전략: 한 · 중 · 일을 중심으로." 전기원 외. 『쟁점으로
본 동아시아 협력과 갈등』. 서울: 오름, pp. 269-310. 2008.

천정웅. 『지구환경레짐의 정치경제학: 환경정치의 쟁점과 환경레짐의 발전』.
서울: 한울아카데미, 1995.

최종화. 『현대국제해양법』. 서울: 도서출판 두남, 2004.

Churchill, R. R., and A. V. Lowe. *The Law of the Sea*. 2nd edition. Manchester: Manchester University Press, 1988.

Goldstein, Joshua S., and Jon C. Pevehouse. *International Relations*. 7th edition. New York, NY: Pearson Longman, 2006.

Haggard, Stephan, and Beth A. Simmons. "Theories of International Regimes." *International Organization*, Vol. 41, No. 3. 1987.

Herz, John H. *Political Realism and Political Idealism*. Chicago, IL: University of Chicago Press, 1951.

Keohane, Robert O. *After Hegemony: Cooperation and Discord in the World Political Economy*. Princeton, NJ: Princeton University Press, 1984.

Keohane, Robert O., and Joseph S. Nye, Jr. *Power and Interdependence: World Politics in Transition*. Boston, MA: Little, Brown and Company, 1977.

Kindleberger, Charles. *World In Depression*. Berkeley. CA: University of California Press, 1973.

Krasner, Stephen D. "Structural causes and regime consequences: regimes as intervening variables." Stephen D. Krasner (ed.). *International Regimes*. Ithaca, NY: Cornell University Press: 1-21 Politics against Markets, Princeton: Princeton University Press, 1984.

Paik, Jin-Hyun. "Maritime Security in East Asia: Major Issues and Regional Responses." *Journal of International and Area Studies*, Vol. 12, No. 2. 2005.

Puchala, Donald, and Raymond Hopkins. "International Regimes: Lessons from Inductive Analysis." Krasner, Stephen 9ed. *International Regimes*. Ithaca, NY: Cornell University Press, 1983.

Rochester, J. M. "The Rise and Fall of International Organization as Field of Study." *International Organization*, Vol. 40, No. 4: 777-813. September 1986.

Sand, P. H. "International Cooperation: The Environmental Experience." J. T. Mathews (ed.). *Preserving the Global Environment: The Challenge of Shared Leadership*. New York, NY: W.W. Norton & Company, 1991.

Valencia, Mark J., and Yoshihisa Amae. "Regime Building in the East China Sea." *Ocean Developments and International Law*. 2003.

Valencia, Mark J. "Regional Maritime Regime Building: Prospects in Northeast and Southeast Asia." *Asian Perspective*, Vol. 31, No. 1. 2000.

Young, Oran R. "Regime Dynamics: The Rise and Fall of International Regimes." *International Organization*, Vol. 36, No. 2. 1982.

_____. *Governance In World Affairs*. Ithaca, NY: Cornell University Press, 1999.

_____. "International Regimes: Problems of Concept Formation." *World Politics*, Vol. 32, No. 3. 1980.

Zacher, Mark W. *Governing Global Networks: International Regimes for Transportation and Communications*. New York, NY: Cambridge University Press, 1996.

http://www.un.org/Depts/los/convention_agreements/texts/unclos/preamble. htm (검색일: 2007년 1월 15일).

http://www.un.org/Depts/los/convention_agreements/texts/unclos/closindx. htm (검색일: 2007년 1월 15일).

http://news.chosun.com/site/data/html_dir/2009/03/09/2009030901703.html(검 색일: 2009년 9월 9일).

http://www.un.org/Depts/los/reference_files/chronological_lists_of_ratifications .htm#The%20United%20Nations%20Convention%20on%20the%20Law%2 0of%20the%20Sea (검색일: 2009년 10월 10일).

http://www.yonhapnews.co.kr/bulletin/2009/05/03/0200000000AKR20090503 002600002.HTML?source=rss (검색일: 2009년 11월 11일).

http://www.hani.co.kr/arti/economy/finance/207538.html (검색일: 2009년 11 월 11일).

http://ec.europa.eu/fisheries/cfp/structural_measures/eff_objectives_en.htm (검 색일: 2009년 12월 3일).

http://ec.europa.eu/fisheries/cfp_en.htm (검색일: 2009년 12월 3일).

http://www.economist.com/node/17049121?story_id=17049121&CFID=
149121561&CFTOKEN=71070677 (검색일: 2010년 10월 2일).

http://www.yonhapnews.co.kr/politics/2010/09/28/0503000000AKR201009
28050700009.HTML?template=2088 (2010년 10월 28일).

http://news.chosun.com/site/data/html_dir/2010/11/02/2010110200114.html
(검색일: 2010년 11월 3일).

http://www.yonhapnews.co.kr/politics/2010/11/08/0521000000AKR2010110804
3800073.HTML?template=2089 (검색일: 2010년 11월 8일).

http://www.nowpap.org/

http://www.yslme.org/

http://pemsea.org/

제3장
동북아 안보딜레마와 군사협력 현황

이윤식_통일연구원 프로젝트 연구위원

I. 서론

탈냉전 이후 20년간 세계는 화해와 협력, 그리고 통합이란 키워드를 중심으로 발전해 왔다. 그러나 동북아는 이러한 세계적 흐름과는 별개로 경제적 영역에서의 협력과 안보적 영역에서의 갈등이라는 이중적 모순 구조를 보이고 있다. 경제적 분야에서 고도의 상호의존성을 유지하다가도, 안보적 이슈가 쟁점화되면 '경제적 상호의존론(economic interdependence)'의 이론적 적실성은[1] 무색해지고 만다. 동북아는 전 세계에서 유일하게 여전히 현실주의에 기초한 '힘의 정치(power politics)'가 작동하고 있는 지역

---

1) 경제적 상호의존론과 관련된 대표적 저서로는 Robert O. Keohane and Nye, Joseph S., *Power and Interdependence: World Politics in Transition*(Boston · Toronto: Little, Brown and Company, 1977)이 있음.

이다.

　이런 상황을 감안할 때, 현재 동북아에서 절실한 것은 냉전적 먹구름을 걷어내고 협력과 통합의 세계사적 흐름에 동참하는 것이다. 이를 위한 핵심적 과제가 바로 역내 국가 간 다자군사협력을 통한 평화적 분위기의 창출이라 할 수 있다. 탈냉전 이후 동북아는 경제적 영역에서 협력을 잘 이뤄가고 있고, 비전통적 안보영역에서도 협력의 흐름을 비교적 잘 만들어가고 있다. 하지만 군사안보적 영역에서는 여전히 냉전적 갈등 구조를 타파하지 못하고 있다.

　이러한 갈등은 최근 들어 더욱 심화되어 가는 양상이다. 급기야 동북아에서 미국과 중국 중심의 '신냉전의 도래'를 걱정해야 하는 상황에까지 이르게 되었다. 냉전이 종식되고 전 세계적으로 평화의 기운이 피어오른 지 20년이 지난 지금까지도 동북아 평화와 안정의 선결조건인 역내 국가 간 다자안보협력은 이뤄지지 않고 있다. 이로 인해 역내 국가들은 강도 높은 경제적 상호의존성과는 무관하게 계속적인 안보적 유동성과 불확실성 속에서 살아가고 있다. 그러나 문제는 이러한 상황이 앞으로도 지속적으로 반복·재생산될 수밖에 없는 구조라는 데 있다. 그렇다면 100년이 지나고 200년이 지나도 여전히 동북아는 개별국가 간 군비경쟁, 강대국 간 패권경쟁, 역내 국가 간 역사 및 영토갈등, 북한의 대남도발 등의 안보적 불확실성 속에서 살아갈 수밖에 없게 된다.

　이러한 문제의식하에 본 연구에서는 최근 동북아에서 나타나고 있는 군사협력의 특징과 현황에 대해 점검하고, 이러한 특징이 나타나게 된 주요 원인에 대해 규명해 보고자 한다. 이를 위해 본 장에서는 다음과 같은 질문(research question)을 제기하고자 한다.

① 냉전 종식 이후 동북아에서는 왜 군사협력의 형태가 다자간 협력이 아닌 양자간 협력으로만 나타났는가?
② 왜 동맹국 간 군사안보협력과 비동맹국 간 군사협조 및 군사교류라

는 차별적 형태로 나타나는가?

③ 최근 들어서는 그나마 유지되어 오던 비동맹국 간 군사교류는 사라지고 동맹국 간 군사안보협력만 더 강화된 형태를 보이는데 그 원인은 무엇인가?"

이러한 질문에 대한 해답을 찾아보는 것이 본 장의 핵심 목적(main theme)이다. 더불어 이렇게 도출된 답을 바탕으로 동북아 국가 간 군사안보협력을 이끌어 내기 위한 바람직한 방향은 무엇인지에 대해 제시해 보고자 하는 것이 본 장의 두 번째 목적(supplementary theme)이다.

이에 본 장에서는 먼저 군사협력의 일반적 개념 정의를 동북아 국가 간 군사협력에 적용시켜 보고자 한다. 다음으로 이렇게 도출된 정의를 바탕으로 동북아 군사협력의 주요 특징과 최근 현황에 대해 살펴본 후, 이러한 특징이 나타나게 된 원인에 대해 설명해 보고자 한다. 그리고 마지막으로 동북아 국가 간 군사협력을 이루기 위한 정책적 제언을 하면서 마무리하고자 한다.

II. 군사협력의 개념

군사협력(military cooperation)이란 "국가 간 공동의 안보 목표를 달성하기 위해 안보정책 공조, 군수방산 협력, 합동군사훈련, 군사기지 제공 등의 제반 군사 활동"을 의미한다.[2] 고전적 의미에서 국가안보(national security)는 군사 중심으로 이해되었기 때문에 군사협력과 안보협력을 혼용하는 경

---

2) 국방부 홈페이지, http://www.mnd.go.kr/(검색일: 2010년 10월 26일).

우도 있었다. 그러나 탈냉전 이후 안보의 쟁점 영역이 확대되면서 군사협력은 군사 분야에만 국한된 개념으로, 그리고 안보협력은 비전통적 안보(non-traditional security)까지를 포함한 포괄적 협력을 지칭하는 개념으로 구분해서 사용하고 있다.[3] 따라서 엄밀한 의미에서 군사협력이라 함은 안보협력의 하위범주이며 총체적 의미에서의 안보협력을 구성하는 하나의 협력분야인 셈이다.[4]

군사협력의 형태에는 동맹국 간 군사안보협력과 비동맹국 간 군사협조 및 단순한 군사교류가 있다. 그리고 군사협력의 분야에는 다음의 〈표 1〉에

〈표 1〉 군사협력 분야

구분	내용
작전 · 운영분야	조약 체결 및 협의기구 합동군사훈련 군사력의 파견주둔 군사작전 및 교리의 공동연구 군사정보교환 특정안보 이슈에 대한 전략적 공조
군수 · 방산분야	군사원조 및 지원 군사과학기술 교류 및 무기의 공동개발 및 생산 방산협력 무기와 군사장비의 판매
인사교류분야	주요인사 및 군사사절단의 상호방문 국방정책 및 군사현안 협의/안보관련 세미나 개최 군사훈련의 참관 및 교육시찰단 상호방문 함정 또는 항공기의 상호 방문 정기적인 인사교류에 관한 협정 체결

* 출처: 국방부 홈페이지; 황병무, "다자안보체제에서의 한러 군사협력,"『중소연구』통권 74호 (1997년 여름), pp.75-76 참조.

---

3) 비전통적 안보라 함은 전통적 의미에서의 군사안보 분야를 제외한 경제, 에너지, 환경, 인간안보 등 탈냉전 이후 새롭게 부각되기 시작한 안보 이슈를 말한다. 이러한 안보의 분류와 관련해서는 Barry Buzan, *People, States and Fear: An Agenda for International Security Studies in the Post-Cold War Era*(New York: Harvester Wheatsheaf, 1991)을 참조할 것.
4) 본 연구에서는 동북아 국가 간 군사협력에만 한정해 논의를 진행할 것이고, 더불어 보다 광범위한 의미로 사용되는 '안보협력'과의 혼선을 최소화하기 위해 군사분야에 국한된 협력이라는 의미인 '군사안보협력'이라는 용어를 사용하고자 한다.

서 보여지는 바와 같이 작전운영분야, 군수방산분야, 인사교류분야 등이 있다. 후술하겠지만, 군사협조의 경우는 동맹국 간 군사안보협력과 비동맹국 간 군사교류 사이에 위치한 개념으로 반드시 조약(treaty)에 근거를 두어 상호 간 의무를 부과하는 것은 아니다. 하지만, 공동의 위협에 공동으로 대응한다는 차원에서 볼 때 단순한 군사교류를 넘어서는 개념이라 할 수 있다.

먼저 동맹국 간 군사안보협력에 대해 살펴보면 다음과 같다. 군사동맹(military alliance)은 조약(treaty)에 의해 일정한 정치적 공동행위를 서로 맹약하는 국제협정을 말한다. 즉, 2개 국가나 그 이상의 복수국가 간의 합의에 의해서 성립되는 집단방위체제의 한 방식으로서 군사적 협동관계를 맹약하는 제도적 장치나 사실적 관계를 의미하며,[5] 전시에는 연합국으로 행동할 취지를 규정하는 경우가 많다.[6] 이러한 군사동맹에는 크게 두 가지 형태가 있는데 하나는 방위조약에 입각한 공식적 관계이고, 다른 하나는 상호군사지원의 법적 근거는 없으나 일종의 기정 사실로 굳어져 있는 경우이다. 전자에 해당하는 대표적인 것이 한미 군사동맹이고, 후자에 해당하는 것이 미국과 이스라엘의 관계이다.[7] 군사동맹의 협력 분야는 작전운영분야, 군수방산분야, 인사교류분야의 협력을 모두 포함한다.

다음으로 비동맹국 간 군사협조(military entente)에 대해 살펴보면 다음과

---

5) '집단방위체제'(Collective Defense System)는 주로 지역을 중심으로 하는 방위개념에 입각하여 다수국가가 협력하여 행하는 공동방위제도를 말한다. 집단방위체제는 가상적국이 미리 정해져 있다는 점에서 '집단안보(Collective Security)'와는 다르다. 집단안보란 다수의 국가가 그 상호 간에 전쟁이나 기타 무력행사를 조약으로 금지하고 있으며, 이에 위반하여 전쟁이나 기타 무력행사를 하는 국가에 대하여 나머지 모든 국가가 집단적으로 방지 또는 진압하는 것을 말한다. 국제연맹이나 국제연합이 집단안보의 예이다. 『안보관계용어집』(국방대학원, 1996), pp.21-22.

6) Ole R. Holsti · Terrencei P. Hopmann · John D. Sullivan, *Unity and Disintegration in International Alliances: Comparative Studies*(New York: A Wiley-Interscience Publication, 1973), p.23.

7) 『안보관계용어집』, p.22.

같다. 군사협조란 직접적으로 조약에 기인하지 않은 국가 간의 협조관계를 뜻한다.[8] 즉, 공동의 적 또는 위협(common enemy & threats)에 대한 공동의 안전(security)이나 이익(interest)을 추구하기 위해 복수국가 간의 군사 부문에서의 협력관계를 유지하는 것을 말한다.[9] 일반적으로 군사협조란 동맹국 간 군사안보협력보다 약한 개념으로 어떠한 의무를 규정짓지는 않는다. 위협에 대응하는 방식에 있어서도 공동 전략의 수립이나 합동군사훈련보다는 지원 및 원조와 같은 안보에 필요한 일반적인 사항들을 포함한다. 즉, 사태가 일어나면 당사국은 서로 협의를 거쳐 태도를 결정한다는 차원에서 군사동맹보다 약한 개념이라 할 수 있다. 군사협조의 협력분야에는 군수방산분야 및 인사교류분야이며, 작전운영분야 가운데서도 공식적 조약이나 정례화된 군사훈련 등은 제외된다.

마지막으로 군사교류(military exchange)에 대해 살펴보면, 군사교류란 외국과의 군인사, 정보, 과학기술 등의 교류를 증진하고 이를 기반으로 공동 협력분야를 개발함으로써 궁극적으로 국가안보 및 국익증진에 기여하는 군사적 성격의 제반 대외활동을 말한다. 군사교류는 군사동맹이나 군사협조와는 달리 공동의 적 또는 위협을 상정하지 않은 단순한 군사분야의 협력이다. 특이할 만한 것은 군사교류관계는 협조적인 관계의 국가 간에만 이루어지는 것이 아니라 갈등적인 관계의 국가들 사이에서도 이루어진다는 점이다.[10] 갈등관계에 있는 국가들 사이에 협력관계가 성립하는 이유는

---

8) "Entente"는 우리말로 번역하면 협약 또는 협상, 협조로 번역될 수 있다. 일반적으로 국제관계에 있어서 2개 이상의 국가가 공통의 대외정책 수행을 위해 연대하기로 문서 또는 구두상의 약속을 하는 형태로 "동맹"보다는 결속력이 떨어진다. 김경수, "북로 동맹조약의 변화와 한반도 안보," 『주간국방동향』 제599호(1995. 9.11), p.9.

9) 『안보관계용어집』, p.23.

10) 갈등적 외교관계가 형성되어 있다고 해서 모든 문제에 대해 언제나 상대국가의 가치의 저해나 희생을 전제로 외교가 전개되는 것은 아니다. 다만 협조적 외교관계를 갖고 있는 국가 간의 외교에 비해 상대적으로 갈등적인 결정이나 행위가 많을 수 있다는 것을 의미한다. 송영우, 『현대외교론』(서울: 평민사, 1990),

상대국의 내부정세, 전략전술, 무기체계 등에 대한 정보탐지의 일종일 수
도 있고, 관계개선 차원일 수도 있다. 군사교류의 협력분야는 초기에는 인
사교류분야에만 국한되고, 군사협력의 목적에 따라 점차 군수방산분야,
작전운영분야 등으로 진전되어 간다.

군사안보협력, 군사협조, 군사교류의 관계를 주요 지표를 중심으로 정
리하면 〈표 2〉와 같다.

〈표 2〉 군사협력의 형태

	조약·의무	공동의 위협	협력 강도	협력 분야
군사안보협력	○	○	상	작전운영, 군수방산, 인사교류
군사협조	×	○	중	군수방산, 인사교류
군사교류	×	×	하	인사교류

* 자체제작

III. 동북아 군사협력의 특징과 현황

1. 동북아 군사협력의 특징

동북아 국가 간 군사협력에는 다음과 같은 뚜렷한 특징이 나타나고 있
다. 첫째는 동북아 역내 국가들 사이에는 군사안보 영역에서 다자안보협
력의 형태는 없고, 동맹국 간 쌍무적 군사안보협력이 주류를 이루고 있다
는 점이다. 즉, 한미·미일 간 군사안보협력, 북중·중러 간 군사협력이 대

pp.175-178, pp.222-223.

표적인 예라고 할 수 있다. 한미와 미일 간에는 제도적이고 정례화된 형태의 군사안보협력이 지속화되고 있고, 북중과 북러 간에도 합동군사훈련이나 공동전략의 수립과 같은 군사협력이 유지되어 오고 있다. 그러나 한미와 미일 간의 군사안보협력이 정기적이고 고강도인데 반해, 북중과 중러 간 군사안보협력은 일시적이고 저강도인 측면이 강하다. 특히, 중러 간 군사협력은 2005년 8월 18~25일까지 미국을 견제할 목적으로 실시한 '평화사명-2005'라는 합동군사훈련이 최초였다.[11] 이렇게 볼 때, 중러 간의 군사협력은 합동군사훈련을 실시했다고는 하나, 군사안보협력이 갖춰야 할 요소인 각종의 제도적 장치가 미비하기 때문에 군사협조의 범주에 더 가까운 형태라고 볼 수 있다.

둘째, 이러한 쌍무적 군사협력이 반드시 동맹국 간 군사안보협력의 형태로만 나타나는 것은 아니다. 다시 말해, 비동맹국 간의 군사교류협력의 형태로 나타나기도 하고, 또한 동맹국은 아니지만 전통적 선린우호국가와의 군사협조의 형태로 나타나기도 한다. 예를 들면, 한중·한러 간 군사협력이 군사교류의 대표적인 예이고, 한일 및 한미일 간 그리고 중러 간의 군사협력이 군사협조의 대표적인 예라고 할 수 있다. 따라서 일시적이고 제도화되지는 않았지만, 역내 국가 간 상호 이해 및 신뢰 제고를 위한 제반

〈표 3〉 동북아 군사협력 관계

구분	협력 국가	내용
군사안보협력	한미, 미일	제도적이고 정례화된 합동군사훈련
군사협조	한일, 한미일 vs 북러, 북중	일시적이고 한시적인 군사훈련
군사교류	한중, 한러, 중일, 중러 등	단순한 군사분야의 교류

* 자체제작

---

11) 황재효, "중·러 합동군사훈련의 전략적 의미," 『주간국방논단』, 2005년 10월 24일 (국방연구원, 2005).

활동으로써 상호 인적 교환방문, 함정 및 항공기 교환방문, 군사교육교류 등의 군사협력이 산발적으로 일어나고 있다.[12]

셋째, 매우 이례적으로 군사협력 이외에 비전통적 안보와 관련된 부분에서는 역내 국가 간 다자안보협력이 활발하게 진행되고 있다. 특히, 경제·에너지·환경·테러 및 마약과 같은 초국가적 이슈에 대해서는 각종의 협의체와 협력체, 그리고 지역 간 기구 등을 두고 활발하게 협력하는 모습을 보이고 있다. 역내 국가 간 군사안보적 영역에서 쌍무적 관계만을 고집하는 모습을 감안할 때, 비전통적 안보 분야에서의 협력은 매우 이례적인 특징이라 할 수 있다. 그 대표적인 예가 아태경제협력체(APEC; Asia-Pacific Economic Cooperation), 아세안지역안보포럼(ARF; ASEAN Region Forum), 아태안보협력이사회(CSCAP; Council for Security Cooperation in Asia-Pacific), 동북아협력대화(NEACD; Northeast Asia Cooperation Dialogue) 등이 있다.

역내 국가 간 군사협력에 대해 좀 더 구체적으로 살펴보면,[13] 한미 간에는 합동군사훈련이 매년 정기적으로 실시되고 있다. 매년 개최되는 한미 간 합동군사훈련에는 지휘부 훈련인 키 리졸브(Key Resolve) 훈련과 군사훈련인 을지포커스(UFG) 훈련이 있다. 그리고 이외에도 한미 간에는 천안함 사태와 같은 긴급사태가 발생할 경우 대규모 군사훈련을 수시로 실시하기도 한다. 또한 특정 안보이슈에 대해서 전략적 공조를 진행하며, 군사작전 및 교리에 대한 공동연구를 비롯하여 군사정보에 대한 교환이 고위급 사이에서 이루어지고 있다. 그리고 무엇보다 이러한 최고위급과 고위급 군사 및 실무회담 등이 정례화되어 있다는 점이다.

다음으로 한일 간 군사협조에 대해 살펴보면 다음과 같다. 한일 간에는

---

12) 국방부 홈페이지, http://www.mnd.go.kr/(검색일: 2010년 10월 26일).

13) 본 연구가 군사안보 분야이기 때문에 자세한 현황 자료를 구하는 데 한계가 있다. 따라서 본 연구에서는 한국을 중심으로 한 군사협력에 대해 논의하고, 추후에 자료를 보충하여 연구를 업그레이드시키고자 한다.

탈냉전 이후부터 군사협력이 확대되기 시작했다. 그때부터 양국 간에는 고위급회담의 정례화와 안보정책협의회를 비롯한 국방정책 실무회의, 정보교류회의 및 방공실무회의가 정례적으로 개최되고 있다. 그리고 무엇보다 직접적 군사훈련은 아니지만 한일 간 간접적 합동군사훈련을 실시하기도 한다.[14] 또한 한반도 유사시 일본이 미국을 지원하는 방안을 논의하는 과정에 한국이 참여하여 협의할 수 있기도 하다. 이외에도 한일 양국은 대테러협력, 해양협력, 재해·재난 및 환경협력 등 다양한 영역에서의 군사협력을 진행하고 있다.

이와 함께 한중, 한러 간에도 군사교류가 활발히 일어나고 있다. 주요 인사 및 군사사절단의 상호방문, 국방정책 및 군사현안 협의, 안보관련 세미나의 개최, 군사훈련의 참관 및 교육시찰단의 상호방문, 함정 또는 항공기의 상호 방문, 정기적 인사교류에 관한 협정 체결 등[15] 다양한 군사교류협력이 이루어지고 있다.

2. 최근 군사협력의 현황

동북아 군사협력의 특징인 동맹국과의 군사안보협력과 비동맹국과의 군사교류협력은 지난 3월 천안함 사태를 기화(奇禍)로 더욱더 심화되어 가는 양상을 보이고 있다. 즉, 천안함 사태를 전후로 그나마 유지되고 있던 비동맹국과의 군사교류는 거의 다 사라져 버리고, 동맹국과의 군사안보

---

14) 예를 들자면, 1971년부터 미국 제3함대를 중심으로 캐나다, 호주 등이 참가하여 격년제로 실시해오던 '림팩(RIMPAC; Rim of the Pacific Exercise)'훈련에 일본은 1980년부터, 한국은 1990년부터 참가하게 됨으로써 한일 양국은 해상합동군사훈련을 실시하고 있다. 그리고 1989년 파섹스(PACEX; Pacific Exercise)훈련에 한국, 일본, 미국, 필리핀 군 간의 합동훈련이 있었다. 이대우 "미일동맹 강화가 한국 안보에 미치는 영향,"『세종정책연구』제4권 2호(성남: 세종연구소, 2008), p.135.

15) 황병무, 앞의 논문(1997), pp.75-76 참조.

협력만이 공고히 유지되고 있으며, 그 수준 역시도 매우 강화된 모습이다. 이와 함께, 한미일 군사협조도 더욱 더 밀착된 모습을 보이고 있다. 즉, 한국-미국-일본의 삼각동맹 축이 더욱 공고해짐으로써 북한뿐 아니라 중국 견제의 목적을 지닌 미국의 동아시아 전략은 보다 용이하게 전개될 수 있는 조건이 형성됐다고 볼 수 있다. 이에 대해 중국의 대응은 북한과의 관계를 더욱 공고히 하는 것 외에는 한-미-일 삼각동맹에 맞설 수단이 없는 것으로 생각된다. 때문에 중국은 국제사회의 주문에도 아랑곳없이 북한을 두둔하고 감싸기에 급급한 행태를 보이고 있는 것이다.

이에 대해 좀 더 자세히 살펴보면, 먼저, 한미 간 7월 26일 실시된 합동군사훈련이 그것이다. 천안함 사건으로 야기된 남북 대립 국면이 동해에서의 미 항공모함이 참여한 한미 간 군사훈련의 실시로 한미 vs 북중의 냉전적 진영 대결 국면으로 확대되었다.[16] 이번 한미 간 합동군사훈련은 1976년 판문점 도끼만행 사건 이래 최대 규모이다. 이러한 한미 군사훈련에 대한 북한의 반응은 '핵억제력에 기초한 보복성전 개시'로 위협하면서 전군·전민에 비상경계태세를 지시하고 북한군 역시 군사훈련에 돌입하였다. 또한 대외적으로 김정일 위원장의 5월 이후 세 달 만의 전격적인 방중과 북중 정상회담은 동북아에서 한미일 vs 북중 간 냉전적 대결을 더욱 더 가속화시키고 있다.

이는 한미일과 북중(러) 간 패싸움 양상으로 흐르고 있다. 한미일은 일찌감치 천안함 폭침을 북한의 소행으로 단정짓고 강력한 대북제재를 예고하였다. 이러한 대북제재에는 천안함 사태의 응징을 넘어 북한의 핵포기 종용과 북한의 급변사태 유도도 암시되어 있다. 한편, 북한은 천안함 사태 관련설을 극구 부인하면서 대북제재 추진에 크게 발발하였다. 중러 역시도 한국의 천안함 사태 조사결과에 커다란 의혹을 제기하면서 대북제재

---

16) 홍현익, "김정일 방중 이후 한반도 정세 변화와 한국의 대북정책," 『정세와 정책』 통권 174호(2010년 10월호), p.1.

에 반대하는 입장을 시사하였다. 이런 양측 간의 입장 차이는 유엔안보리와 아세안지역포럼의 '천안함 결의' 도출과정에서 정면충돌하여 치열한 설전을 야기하였다. 이런 설전은 '불굴의 의지'로 명명된 동해 한미연합군사훈련, 중국의 서해 및 남중국해 군사훈련, 한국의 서해 해상훈련, 북한의 서해 해안포 사격, 2010년 한미 을지프리덤가디언(UFG) 연습 등을 거치면서 무력시위 대결양상으로 비화되었다.[17]

다음으로는 천안함 국면에서의 한미일 공조의 강화가 그것이다. 천안함 외교에서 한미 공조는 그 어느 때 보다 잘 이루어졌고 미국은 한국에 대한 지지가 확고함을 보여주었다. 미국은 5월 19일 한국에서 천안함 침몰조사결과 발표가 이루어진 뒤 공식성명을 발표하였고 이어 24일에도 대변인 명의의 공식 성명을 이례적으로 발표했다. 5월에 미국 상원은 만장일치로 한국 국민을 위로하는 결의안을 채택했고 하원도 북한을 규탄하고 국제사회의 공동대응을 촉구하는 결의안을 거의 만장일치로 통과시켰다.[18]

미국은 북한에 분명한 메시지를 보내야 한다는 입장에서 중국과 러시아를 설득하는 노력도 병행했다. 5월 23일 미·중 전략경제대화에서 클린턴 미 국무장관은 "한반도의 평화와 안정이라는 공통의 목표를 달성하기 위해서 미·중 양국이 천안함 사건에 공조해야 한다."고 강조함으로써 중국의 행동을 촉구했다. G20 정상회의에서도 오바마 미 대통령은 6월 24일 메드베데프 러시아 대통령에게 러시아의 지지를 요청했고 26일 후 주석에게 "북한이 국제사회 규범을 준수할 때까지 지속적으로 압박을 가할 것이라는 분명한 메시지를 보내는 것이 중요하다"고 강조하였다. G20 회의에서 한미정상회담을 통해 2012년 4월로 예정된 전시작전통제권 전환 시기를 2015년 12월 1일로 연기하기로 합의한 것도 이러한 맥락에서 이해될 수 있다.

---

17) 엄상윤, "동북아의 긴장고조와 한반도 문제의 향방," 『정세와 정책』 통권 173호 (2010년 9월호), p.9.
18) 『조선일보』, 2010년 5월 30일자.

일본도 한국 정부의 천안함 사건 발표직후인 5월 24일 전화를 통한 정상회담에서 한국의 대북제재 조치를 지지하고 북한의 무력 도발을 규탄했다. G20 정상회담에서는 일본 총리가 후 주석과 가진 정상회담에서 안보리에서도 북한에 명확한 메시지를 보내야 한다고 언급하는 등 중국에 자세 전환을 촉구하기도 했다.[19]

이처럼 천안함 사태 이후 동북아에서의 군사안보적 관계는 한미 vs 북중의 편가르기 형태로 나타나고 있다. 그리고 여기에 더해 보다 명확해진 것은 한미일 vs 북중(러) 간 남방 삼각협력관계와 북방 삼각협력관계의 구도가 재현되어 가고 있는 듯한 모습이다. 이와 함께 동맹국 간 군사안보협력은 더욱더 강화되어 가고 있고, 비동맹국 간 군사교류는 나타나지 않고 있다.

IV. 동북아 안보딜레마의 실태와 내용

1. 동북아 안보 환경과 군비경쟁

현재 동북아는 강대국들이 세계질서 및 지역질서의 변화에 부응하여 국가의 이익과 목표를 다시 세우고 대외전략을 전환함으로써 유동성과 불확실성이 증가하고 있다. 이런 동북아 지역의 안보 역학관계는 3차원의 복합적 구조로 형성되어 있다.[20]

첫 번째 차원은 동맹관계이다. 이 지역은 그동안 쌍무적 동맹관계가 안

---

19) 이태환, "천안함 외교와 중국," 『정세와 정책』 통권 171호(2010년 7월호), p.5.
20) 한국전략문제연구소 편, 『동북아 전략균형 2008』(서울: 한국양서원, 2008), pp.2-4.

보질서의 주축을 이루어왔다. 냉전시대에는 한·미 및 미·일 동맹관계와 북·중 및 북·소 동맹관계가 남방과 북방의 삼각협력관계를 이루면서 대립해 있었다. 탈냉전과 더불어 북방 삼각관계는 거의 와해되었으나, 남방 삼각관계는 시대적 상황에 맞게 적절히 변화되면서 새로운 차원으로 발전되는 모습을 보이고 있다.

두 번째 차원은 협력관계이다. 역내 국가들은 정치·군사안보적으로는 상호 견제하면서도 경제적으로는 실리를 추구하기 위해 합종연횡의 협력관계를 모색하고 있다. 미국과 중국은 패권과 반패권의 견제 관계를 유지하면서도 경제적으로는 긴밀한 협력관계를 유지하고 있다. 일본과 중국 역시 지역적 차원에서 영향력 경쟁을 벌이면서도 '동반자적 협력관계'를 발전시켜 나가고 있다. 중국과 러시아는 미국 견제를 위한 '전략적 동반자 관계'를 유지하고 있다. 한국은 한편으론 미국과의 '전략적 동맹관계'를 발전시켜 나가고 있는 가운데, 다른 한편으론 중국 및 일본과의 '동반자적 협력관계'를 강화해 가고 있다.

세 번째 차원은 견제 및 대립구도의 형성이다. 역내 안보 구도가 강대국 중심의 균형과 경쟁 체제로 전환되고 있는 것이다. 대표적인 사례로서 미중관계를 들 수 있다. 미국은 중국의 급속한 부상을 경계하고 있고, 중국은 미국의 패권을 견제하고 있다. 전문가들은 미중 간 '신냉전체제'의 등장을 전망하기도 한다. 즉, 최근 미국이 구상하고 있는 다자협력체제는 다분히 경제·군사적으로 급부상하고 있는 중국을 견제하기 위한 전략적 포석이라는 것이다. 이에 대해 중국도 러시아 및 SCO 국가들과 함께 미국에 대한 반 패권 연대(Anti-hegemonic Bloc)를 강화하고 있는 양상을 보이고 있다.

이와 함께 동북아는 이러한 안보 역학관계의 변동에 따른 유동성의 증가에 더해 영유권 갈등과 같은 잠재적 분쟁 요인의 표출로 안보 불안정이 증폭되고 있다. 주로 바다의 섬으로 이루어진 영토와 해저 자원 개발 및 EEZ 설정 등과 같은 해양 권익을 둘러싸고 해묵은 분쟁이 표면화되고 있다. 최근 센카쿠 열도(댜오위댜오)와 쿠릴 열도(북방4개 도서)를 사이에 둔 중일 간, 러일 간 갈등이 대표적인 사례이다.[21] 이러한 역내의 영유권 문제는 대체로 역사적 유산으로서 깨끗한 해결이 어려울 뿐만 아니라, 앞으로 안보 역학관계의 변동과 맞물릴 수 있기 때문에 심각한 분쟁을 야기할 가능성이 있다. 특히, 메드베데프 대통령의 쿠릴 열도 전격 방문(2010.11.1)이 대변하듯,[22] 각 국가의 정치 지도자들이 내치(內治)의 기반을 확보하기 위해 민족주의를 강조하고 있고, 국민들도 그에 부응하고 있어 영유권 문제가 자칫 심각한 충돌로 비화될 우려도 높다.

한편, 동북아 지역에서는 군비경쟁의 조짐이 여러 측면에서 나타나고 있다.[23] 군사비 증대와 관련해서는 개별국들의 경쟁이 치열하게 전개되고 있다. 이 지역의 군사비 비중이 세계 전체의 65% 수준이며, 군사비의 전년 대비 증가율은 다른 지역보다 2배 이상 증가되는 추세를 보이고 있다. 다음의 〈표 4〉에서와 같이 2007년 미국의 군사비는 6,224억 달러로서 세계 전체 군사비의 50% 수준을 차지하고 있다. 중국의 군사비 또한 440.6억 달러(3,509억 위안)로서 전년 대비 17.8%나 증가되었는데, 비공식적인 것까지 합하면 700억 달러로 추정된다. 러시아 역시 중국과 마찬가지로 정확한 군사비의 추정이 어렵다. 2008년 *Military Balance*에 의하면, 러시아의 2007년 군사비는 330억 달러이지만, 여기에 무기 수출액을 추가한 구매력 기준으

〈표 4〉 2007년 동북아 국가의 군사비 지출 규모

구분	미국	일본	중국	러시아	한국	북한
군사비(억 불)	6,224	437	440	330	246	50
공식환율	-	352	1,050	700	338	100

* 출처: *IISS, Military Balance 2008*; 『2008년 동북아 전략균형』, p.32 도표 참조.

---

21) 『연합뉴스』, 2010년 11월 2일자.

22) 『연합뉴스』, 2010년 11월 1일자.

23) 위의 책, pp.31-48 참조.

로 환산할 경우 약 700억 달러에 이른다고 분석하였다.

전략무기 면에서는 미일 vs 중러 간 갈등 양상이 두드러진다. 북한의 두 차례의 핵실험 강행이 미·일의 MD 구축에 명분에 힘을 실어 주었다. 미일은 태평양에서 수차례에 걸친 미사일 요격시험을 실시하였다. 이에 중국과 러시아는 미일의 미사일방어체계가 자신들의 핵전력을 유명무실화하려는 것으로 판단하고, 그에 대응하기 위한 방책을 다각적으로 마련하는 모습을 보였다. 또한 우주공간에서는 일본과 중국이 경쟁하는 모습이 확연하게 나타나고 있다. 일본이 달 탐사위성인 '가구야'를 쏘아 올리자, 중국이 달 탐사 위성인 '창어 1호'의 발사로 응대하였고, 이어서 위성요격 (ASD) 시험에 성공함으로써 우주의 군사화에 도전장을 내 놓았다.

해공군 전력은 다차원적 경쟁 양상이다. 먼저 해양에서 중국이 자국의 해양권익 보호를 내세우면서 항모건조를 계획하고 나서자, 미국은 물론 일본, 대만, 한국 그리고 인도까지 역내 국가들이 해군력을 강화하는 양상을 보이고 있다. 다음으로 공중에서는 일본이 미국의 5세대 전투기인 F-22를 도입하려는 움직임을 보이면서, 중러가 스텔스 전투기에 대한 비전 및 계획을 서둘러 구체화하는 모습을 보였다. 그리고 중요한 것은 역내 강대국들 모두가 21세기 미래전에 대비한 군사혁신(RMA) 개념에 기초한 전력변혁(force transformation)을 본격적으로 추진하고 있다는 사실이다. 미국이 최선두에서 전 지구적 차원의 도약적인 군사변혁을 선도하고 있고 그 뒤를 러시아, 일본, 중국, 한국 등이 쫓아가는 모습이다. 이 대열에 끼지 못한 북한은 핵을 비롯한 WMD에 집착하고 있다.

이처럼 동북아 지역에서는 전통적 안보갈등과 개별국가 간 군비경쟁이 가속화되면서 역내 안보 역학관계를 복잡하게 하고, 유동성과 불확실성을 증대시키고 있다. 이러한 양상이 지속될 경우 동북아 국가 간 다자안보협력은 앞으로도 계속적으로 어려운 과제로 남을 수밖에 없다.

2. 중국의 부상과 미국의 견제

다음으로 역내 안보딜레마를 부추기는 또 하나의 요인은 역내 패권국으로 부상하려는 중국과 이를 저지(沮止)하려는 미국의 견제 사이에서 발생하는 갈등이다. 이러한 미중 구도가 역내 안보딜레마를 더욱 가속화시키고 있으며, 천안함 사태 이후에는 그 양상이 더욱더 첨예화되어 가고 있는 모양새다.

최근 중국은 공세적 국력 신장과 국제적 영향력의 확대에 나서고 있다. 중국은 2009 회계연도 기준으로 수출 세계 1위, 외환보유액 세계 1위, 자동차 내수판매 세계 1위 등 각종 경제지표에서 수위를 석권했다.[24] 중국은 급속히 발전하는 경제력을 군사력으로 전용하여 영토대국 및 군사대국이 되려는 야심을 키우며, 역내 패권국으로의 등극을 꿈꾸고 있다.[25]

국방비 지출 규모로 볼 때, 중국은 2009년도 기준으로 세계 3위의 국방비 지출국가이다. 여기서 주목할 부분은 중국이 향후 2년 내에 항공모함을 운용하게 될 것이라고 전망되는 부분이다.[26] 항공모함은 해안 교두보의 확보 및 강력한 해군의 보유 등을 가능케 함으로써 대양의 차단력을 극복할 수 있는 중요한 기술 수단이 되기 때문이다.[27] 더불어 미국의 항공모함을 공격할 수 있는 대함 탄도미사일을 개발해 실험 중인 것으로 알려지고 있다. 또한 중국은 아프가니스탄 전쟁에 대한 미국의 지원 요청을 거절하면서도 자국이 주도하고 있는 동아시아 지역 안보협력체인 상하이협력기

---

24) 『조선일보』, 2010년 3월 15일자.

25) 문순보, "공세적 현실주의와 동북아 안보: 미어샤이머의 설명력과 함의," 『국가전략』 통권 52호 (세종연구소, 2010), p.375.

26) "中, 2012년 첫 항공모함 운용할 듯," http://news.donga.com/3/all/20100401/27279927/1(검색일: 2010년 5월 15일).

27) Peter Toft, "John J. Mearsheimer: an offensive realist between geopolitics and power," Journal of International Relations and Development, Vol.8, No.4(2005), p.399.

구(SCO) 조직에는 열성적이다. 특히 중국은 미국 대외정책 가운데 우선순위를 점하고 있는 핵군축 쟁점에 대해서도 응할 의사가 없음을 분명히 했다.[28] 이 같은 내용은 중국이 방어를 목적으로 하는 군사력 증강이 아니라 공세적인 군사력 확장에 나서고 있음을 시사한다.

이러한 중국의 움직임은 미국의 관심을 불러일으키기에 충분하다. 미국의 입장에서 중국의 군비증강은 중국의 군사대국화 및 동북아 지역에서의 패권 장악을 위한 시도로 해석되고 있다. 이에 최근 미국의 대중국 견제 및 봉쇄는 매우 노골적으로 드러나고 있다. 즉, 천안함 이후 한미일 공조의 강화, 아세안 국가들에 대한 밀착외교, 오바마의 인도 방문 예정, 중일 영토 갈등에서의 일본 입장 공식적 지지 등이 대중 견제를 위한 미국의 발빠른 움직임이다.

미국은 대중 견제를 위해 역내 전통적 동맹국인 한미일 공조를 강화하고 있다. 먼저 천안함 침몰 이후 미국은 줄곧 한국의 입장을 지지하며, 대북 압박과 대중 및 대러 설득을 병행하고 있다. 천안함 조사결과가 발표된 이후에는 한국의 입장을 공개적으로 지지하며, 대북 압박에 대한 한미 간 보조를 맞춰가고 있다.

이와 함께 미국은 최근 중일, 일러 간 불거진 영토 갈등에 대해서도 일본의 입장을 지지한다는 점을 공식적으로 천명하였다. 실제 중국은 일본과 이 지역에서 영토분쟁 중에 있다. 중·일 양국이 댜오위다오(釣魚島, 일본명 센카쿠〈尖閣〉 열도)의 영유권을 주장하며 팽팽히 맞서는 가운데 지난 4

---

28) 중국은 미국 오바마 행정부의 '핵무기 없는 세상' 플랜에 동의하지 않는다는 점을 시사한 것이다. 지난 5월 15일 한국에서 열린 한중일 3국 외교장관회담에서 중국 외교부장 양제츠(楊潔聲)는 핵군축 의사가 없음을 명확히 밝혔다. 이 자리에서 일본 외상 오카다 가츠야(岡田克也)는 중국이 5대 핵 보유국 가운데 유일하게 핵무기를 증강하는 나라라고 지적한 뒤 향후 중국이 핵무기를 줄이거나 적어도 늘리지 말 것을 주문했다. 그러나 양제츠는 중국의 핵무기는 최소한의 방어용 수준만을 유지하고 있다고 언급하며 일본의 요구를 수용할 의사가 없음을 분명히 했다. 『동아일보』, 2010년 5월 17일자.

월 25일 일본 정부는 2015년까지 댜오위다오를 포함한 동중국해역과 태평양 해역에서 자원, 에너지 탐사를 벌여 2020년까지 산업화한다는 내용의 '해저자원 에너지확보 전략'을 수립했다. 이에 맞서 중국 정부는 일본 정부의 해저 탐사가 중국과의 충돌을 초래할 수 있다고 즉각 경고하고 나서면서 댜오위다오를 둘러싼 양국 간 긴장이 고조되고 있는 형국이다.[29] 이러한 중일 양국 간 영토 갈등에 미국이 일본의 입장을 공식적으로 지지하고 나선 것이다.[30]

또한 미국은 미일동맹의 강화를 통한 일본의 역할을 강조하고 있다. 미일 양국은 그간 양국 갈등의 중심에 놓여있던 주일미군 후텐마(普天間) 기지를 기존안대로 오키나와(沖繩)현안으로 옮기기로 합의했다. 하토야마 총리는 합의안을 설명하면서 천안함 사건 등 한반도 정세와 관련, "동아시아의 안보 환경에는 불확실성이 많이 남아 있다"며 "이런 와중에 해병대 등 주일미군의 억지력을 저하할 수는 없다"고 언급했다.[31] 이로써 하토야마 정부 출범 후 표류하는 듯 했던 미·일 동맹은 다시 예전의 공고함으로 복귀하고 있다. 일본의 대미자주화 전략은 이 지역 안보의 구조적 제약성에 함몰돼 버린 것이다.

마지막으로 미국은 대만을 대중 견제의 도구로 이용하고 있다. 특히 대만 문제와 관련해 미중은 전쟁으로까지 돌입될 개연성이 가장 큰 사안이다. 현재 미국에게 있어 대만은 중국봉쇄의 전략적 교두보이다. 또한 평시에는 대만을 대륙과 분리시킴으로써 중국 국력의 급격한 강화를 방지할 수 있으며, 외교적으로는 효과적인 지렛대(leverage)로 활용할 수 있다고 미국은 인식하고 있다.[32] 예컨대 대만에 대한 미국의 무기판매 계획은 최근

29) 『중앙일보』, 2010년 5월 21일자.

30) 『연합뉴스』, 2010년 11월 2일자.

31) 『조선일보』, 2010년 5월 26일자.

32) 김일수, "동북아 안보에 대한 미-중의 협력과 갈등," 『한국동북아논총』 제40집(한국동북아학회, 2006), p.18.

양국 군사관계의 가장 큰 쟁점으로 부각됐다. 2007년 9월 미 국방부는 대만에 P-3C 대잠초계기 12대를 비롯해 엔진 등 관련장비(19억 6,000만 달러)와 항공기 및 순항미사일 요격용 대공미사일 SM-2 114기(2억 7,000만 달러) 등 총 22억 달러 가량의 무기판매 계획을 미 의회에 보고했다.[33] 그 후 중국은 현재까지 지속적으로 미국 정부에 대(對)대만 무기판매의 중단을 촉구해 왔다. 이 쟁점으로 미·중 양국 간에는 군사교류가 중단됐으며[34] 대만은 중국의 반대에도 불구하고 미국으로부터 F-16 전투기의 구매를 계속 추진하겠다는 의사를 밝힘으로써[35] 미·중 양국은 첨예한 신경전을 벌이고 있는 실정이다.

이처럼 역내 패권국으로 부상하려는 중국과 이를 저지하려는 미국의 전략적 움직임이 가속화되면서 역내 안보환경은 더욱더 불안해지고 있다. 미국과 중국을 중심으로 한 갈등 구조가 해결되지 않는 한 동북아 평화와 안정의 선결과제인 역내 국가 간 군사안보협력은 어려운 과제일 수밖에 없다.

3. 한반도 정전체제와 북한의 도발

마지막으로 동북아 안보딜레마를 촉발하는 또 하나의 중요한 요인은 바로 한반도 문제이다. 한반도 남북한은 지난 1953년 7월 27일 유엔사 대표와 북한측 대표 간의 전쟁을 잠시 중단한다라는 내용의 정전협정 체결 이후 60여 년간 고도의 불안한 정전상태를 유지해 왔다. 서로가 서로를 믿을 수 없었던 정전체제의 상황 속에서 남북한이 개별적으로 할 수 있었던 유

---

33) 『문화일보』, 2007년 9월 17일자.
34) 『중앙일보』, 2010년 4월 28일자.
35) 『중앙일보』, 2010년 5월 14일자.

일한 노력은 경쟁과 대결이었다. 즉, 남북한은 외교적으로 국제사회에서 정당성을 확보받기 위한 첨예한 체제대결을 벌였고, 또 군사적으로 자신의 안보를 지키고 담보받기 위한 엄청난 군사대결(군비경쟁)을 벌이며 60년을 경쟁해 왔다.

그리고 비공식적으로 서로의 힘을 소진시키기 위한 각종의 도발이 지난 60년 동안 지속적으로 이어져 왔다. 1968년도 1.21 사태를 시작으로 그해 10월 울진삼척 무장공비 침투 사건, 1976년 판문점 도끼만행 사건, 1983년 아웅산 폭탄 테러, 1987년 KAL기 폭파사건, 1993년과 2002년의 1, 2차 북핵위기, 1998년 제1차 서해교전, 2002년 2차 서해교전, NLL 인근에서의 해안포 사격, 2009년 대청해전, 그리고 2010년 3월 26일 천안함 피격사건에 이르기까지 북한은 각종의 대남도발을 통해 남한의 체제를 부정하고 전복하려는 게릴라 전술을 시도해 왔다.

또한 탈냉전 직후 시도되어 2000년대 이후 본격화되기 시작한 북한의 핵/미사일 개발은 북한의 체제유지를 위한 유일한 수단이자 대남 억제력의 상징으로 작용하고 있다. 북한의 지속적 대남 도발과 계속된 핵/미사일 개발 시도는 한반도와 동북아의 평화와 안정을 저해함은 물론 역내 국가 간 군비경쟁을 촉발하는 주요한 원인이 되기도 하고 있다. 또한 북한은 2006년 10월 9일과 2009년 5월 25일 두 차례에 걸쳐 핵실험을 강행하였고, 북한이 핵실험 보유국임을 국제사회에서 보장받을 수 있도록 미국을 압박하며, 다양한 핑계를 대며 6자회담에 소극적인 모습을 보이고 있다. 이와 함께 2000년 들어 꾸준히 증대된 북한의 미사일 능력은 2009년 4월 장거리 미사일 시험 발사의 부분적 성공으로 한반도 주변 및 국제사회의 평화와 안전을 위협하고 있다.

이처럼 지난 60년간 남북한의 행위양식을 지배해 왔던 한반도 정전체제는 서로를 믿지 못하는 군비경쟁을 촉발시켰고, 서로를 전복시키려는 각종의 도발을 야기하였으며, 마지막 안전장치의 확보를 위한 비대칭 전력의 개발에 편중되게 만들었다. 이러한 남북한 간의 체제대결과 군사대결이 동북아의 군비경쟁을 촉발하는 요인이 되고 결국 이는 다시 동북아의 안보딜레마를 공고히 유지되게 만들었던 것이다. 따라서 한반도를 지배하고 있는 정전체제의 평화체제로의 전환 없이는 남북한의 군비경쟁은 멈출 수 없고, 나아가 동북아의 안보딜레마도 극복할 수 없다 하겠다.

V. 결론: 동북아 군사협력을 위한 제언

지금까지 동북아 군사협력의 주요 특징과 최근 현황, 그리고 역내 군사협력의 제약 요인인 안보딜레마의 실태에 대해서 살펴보았다. 그 결과 다음과 같은 결론을 도출할 수 있다.

동북아 국가 간 군사협력이 동맹국 간 군사안보협력과 비동맹국 간 군사교류의 형태로 나타나는 이유는 동북아의 구조적 문제인 '안보딜레마'에서 그 원인을 찾을 수 있다. 이는 역내 국가 간 군비경쟁을 가열시키고, 강대국 간의 갈등을 심화시키며, 동북아에 신냉전 구조를 가속화시켜 역내 국가 간 평화와 안정을 심각하게 위협하고 있다. 이러한 안보딜레마를 극복하지 않고는 역내 국가 간 군사협력은 요원하며, 더불어 동북아의 안정과 평화도 담보할 수 없다. 따라서 동북아 국가 간 다자안보협력을 이끌어 내고 역내 평화와 안정을 정착시키기 위해서는 다음의 두 가지를 점차적으로 구축해 나가야 한다. 하나는 동북아의 현실을 감안한 '역내 양자-다자간 군사안보협력체'의 모색이고, 또 다른 하나는 '한반도 평화체제의 구축'이다.

먼저, 동북아에 안보딜레마를 해소하고 항구적 평화를 정착시켜 가기 위해서는 역내 국가 간 평화체제인 다자간 안보협력체제를 구축해야 한다. 냉전종식 이후 세계 각 지역에서는 이러한 다자안보협력을 통해 지역

안보를 유지하기 위해 노력해 오고 있다. 다자안보협력은 "탈냉전의 국제 질서하에서 정치·군사·경제·사회·문화 등 포괄적 안보협력을 국가 간 대화와 협력을 통해 사전방지 또는 해결함으로써 국제평화와 안전을 제도적으로 보장하기 위한 노력"이라 정의할 수 있다. 또한, 다자안보협 력은 상호이익 차원에서 공동규범과 제도를 창출하기 위한 대화의 습관화 를 목표로 설정하고 이러한 대화의 분위기 속에서 국제사회의 안보를 유 지하기 위한 기초적인 규범을 만들어 내며 분쟁의 해결 방안과 제도 및 절 차를 수립하기 위해 노력하는 것을 말한다.[36]

동북아 지역에서는 유럽과는 달리 냉전이 완전히 종식되지 않고 있고 지역에서의 군비경쟁이 가속화 되고 있는 상황에서 동북아 주변국 간의 역학 관계로 보아 다자간 안보협력이 순조롭게 진행되지 못하고 있다.[37] 그러나 동북아 긴장완화를 위한 다자안보협력이 필요함에 따라 동북아 국 가들 간의 이를 위한 진지한 논의가 필요한 시점이라 할 수 있다.

동북아 안보협력체제란 역내 국가들 간에 세력균형 원칙이 지배하고, 지역적 안보기구가 존재하며, 역내국가들이 정치·경제·군사·문화 등 의 면에서 긴밀한 관계를 맺고 있으나 결코 무력에 의한 영토확장을 도모 하지 않고, 이해충돌에 의한 분쟁의 경우에는 협상으로 해결할 의지가 있 으며 필요시에는 분쟁의 조정과 해결을 위한 중재자를 수용할 준비가 되 어 있는 상태의 질서를 형성하는 것이다.[38]

동북아 안보협력체 구축을 위해서는 다음과 같은 3가지 추진전략이 필 요하다. 첫째는 동북아 다자안보협력체는 6자회담을 기반으로 발전·형 성되어야 한다. 비록 현재는 답보 상태에 있지만, 동북아 지역에서 정부차

---

36) 한국전략문제연구소 편, 『동북아 전략균형 2008』(서울: 한국양서원, 2008), pp.4-5.

37) Niklas Swanstrom, "Security and conflict management in East Asia," *Korean Journal of Defense Analysis*, Vol. 20, No.3(2008), p.195.

38) 허문영 외, 『한반도 비핵화와 평화체제 구축전략』(서울: 통일연구원, 2007), p.125.

원의 유일한 다자간 안보협상체가 6자회담이기 때문이다. 둘째, 동북아 다
자안보체제는 한반도 비핵화, 남북관계 발전, 한반도 평화체제와 연동하
면서 발전되어야 한다. 동북아 평화와 안정의 핵심은 한반도 문제이기 때
문이다. 셋째, 동북아 안보협력체는 동북아 평화와 안정뿐 아니라, 궁극적
으로는 한반도 통일에 기여하는 방향으로 추진되어야 한다. 1975년 출범
한 유럽안보협력회의(CSCE)가 1990년 독일통일에 기여했다는 것이 오늘날
일반적인 평가이기 때문이다.[39]

　다음으로, 동북아 안보딜레마를 극복하기 위한 또 하나의 방안은 한반
도 평화체제의 구축이다. 여기서 중요한 사항은 한반도 평화체제 구축이
종전선언이나 평화협정과 같은 형식적인 내용보다는 남북 간의 군사적 신
뢰구축과 군비통제 등과 같은 실질적인 내용이어야 한다는 것이다. 즉, 정
전체제를 대신하여 항구적인 평화를 정착시킬 수 있도록 하기 위한 조치
나 협상을 지속해야 한다는 것이다.[40] 2007년 부시 전 대통령과 노무현 전
대통령 사이에 북미 평화협정 논의가 이루어진 후, 북한의 핵폐기를 촉진
시키기 위한 형식적 평화체제 구축 논의가 전개되어 왔는데, 북한의 핵폐
기가 북한으로부터의 모든 군사위협의 종식을 의미하지 않음을 직시할 필
요가 있다. 따라서 평화가 실질적으로 보장되지 않는 상황하에서의 남북
한 또는 북미 평화협정 체결에 신중을 기해야 한다.

　한반도 평화체제 구축을 위해 여러 가지 방안들이 모색될 수 있겠으나,
가장 큰 어려움은 두 가지 차원에서 대두될 수 있다. 먼저 국제관계 수준
에서의 북한 핵문제의 평화적 해결과 북미/북일관계의 정상화가 그것이
고, 또 하나는 남북관계 수준에서의 군사적 긴장완화 및 신뢰구축과 뒤이
은 군비통제가 그것이다.[41]

---

39) 위의 책, p.126.
40) 한국전략문제연구소 편, 『동북아 전략균형 2008』(서울: 한국양서원, 2007), p.352.
41) 허문영은 한반도 평화체제 구축을 4가지 측면에서 제안하고 있는데, ① 국제적 수
　　준에서 북핵문제의 평화적 해결과 북 · 미/북 · 일 관계개선과 정상화, ② 남북관

한반도 평화체제 구축을 위한 우선 과제는 국제관계 수준에서의 북핵문제의 평화적 해결과 북미/북일관계 정상화의 완성이다. 북한 핵문제를 평화적으로 해결하기 위한 역내 협의체인 6자회담이 가동되고 있음에도 불구하고 북한이 핵개발을 지속하고 있는 이유는 체제 및 정권의 안전을 담보받을 수 있는 유일한 수단이 핵이기 때문이다. 북한이 주변국이 동의하는 평화적 형태의 체제 안전을 담보받기 위해 필요한 것은 핵문제 해결과 북미/북일관계의 정상화이다. 이 지역에서 북핵의 온전한 해결이 선행되지 않는 한 한반도의 긴장상태는 계속될 수밖에 없다. 또한 북한이 핵무기를 소형화하고 마음대로 장거리 미사일에 탑재할 수 있는 능력을 갖추게 되면 일본의 핵무장을 자극할 수 있고, 이는 동북아 군비경쟁을 더욱 조장시키는 결과를 초래하게 될 것이다.[42] 따라서 한반도 평화체제 구축의 순조로운 진행을 위해선 북한의 핵폐기 유도와 북미/북일관계 정상화 프로세스가 동시적으로 진행되어야 한다는 점이다. 물론 이 문제는 북한의 핵개발 및 미사일 개발 문제와 핵기술 이전 및 미사일 거래 등 민감한 사안과 연계되어 있기 때문에 관계개선에 이은 관계정상화의 진전이 쉽지 않은 것이 사실이다. 하지만 그럼에도 불구하고 역내 평화와 안정을 위해 이 문제는 반드시 해결되어야 한다.

한반도 평화체제 구축을 위한 또 다른 과제는 남북관계 수준에서의 남북 간 군사적 긴장완화와 신뢰구축 및 군비통제의 실시이다. 남북한은 2000년 제1차 남북정상회담 이후 남북 간 교류협력을 진전시켜 왔으나, 군사적 대치 속에서 우발적 충돌 가능성이 상존하고 있음에 따라 상호 불신을 해소하고 군사적 신뢰구축을 이루어야 한다. 그동안 남북한은 주기적

계 수준에서 정전협정의 평화협정으로의 대체 및 남북간 군사적 긴장완화와 신뢰구축, ③ 남북한 국내수준에서 국가보안법과 북한 로동당 규약전문 및 형법과 같은 냉전적 제도의 개혁, ④ 남북한 주민 개인수준에서 냉전적 의식의 평화적 의식으로 전환을 들고 있다. 허문영, "한반도 평화체제 구축과 남북군사회담 활성화 방안,"『한반도 군비통제』(군비통제자료 42, 2007) 참조.
42) 허문영, 앞의 논문(2007), p.97.

인 남북군사회담을 통해 군사적 긴장완화 및 신뢰구축을 위한 각종 남북 합의를 채택하고 이를 이행하기 위한 노력을 경주해 왔다. 1992년에 채택한 〈남북기본합의서〉와 〈불가침분야 부속합의서〉에는 '군 인사교류 및 군사정보의 교환', '군사연습의 통보', '남북 군사당국 간 직통 전화 설치' 등 군사적 신뢰구축과 관련한 많은 합의들이 포함되어 있다. 그러나 이러한 합의들은 북측의 소극적 태도와 대남 군사도발 등으로 이행되지 못하고 있다. 따라서 이의 실질적 이행을 위해 남북한 간에 유의미한 노력이 있어야 할 것이고, 6·15공동선언과 10·4선언에 따른 남북합의도 한반도 평화체제의 구축 및 발전을 위해 반드시 이행되어야 할 것이다.[43]

---

43) 이승근, "동북아 군비경쟁과 안보협력," 『사회과학논총』 제28집 1호(계명대 사회과학연구소, 2009), p.198.

| 참고문헌 |

[단행본]

국방대학원. 『안보관계용어집』. 서울: 국방대학원, 1996.

국방부. 『2008 국방백서』. 서울: 국방부, 2008.

송영우. 『현대외교론』. 서울: 평민사, 1990.

허문영 외. 『한반도 비핵화와 평화체제 구축전략』. 서울: 통일연구원, 2007.

한국전략문제연구소 편. 『동북아 전략균형 2008』. 서울: 한국양서원, 2008.

_____. 『동북아 전략균형 2007』. 서울: 한국양서원, 2007.

Buzan, Barry. *People, States and Fear: An Agenda for International Security Studies in the Post-Cold War Era.* New York: Harvester Wheatsheaf, 1991.

Holsti, Ole R., Terrencei P. Hopmann, John D. Sullivan. *Unity and Disintegration in International Alliances: Comparative Studies.* New York: A Wiley-Interscience Publication, 1973.

Keohane, Robert O., and Joseph S. Nye. *Power and Interdependence: World Politics in Transition.* Boston · Toronto: Little, Brown and Company,

1977.

[논문]

김경수. "북로 동맹조약의 변화와 한반도 안보." 『주간국방동향』 제599호. 1995. 9.11.

문순보. "공세적 현실주의와 동북아 안보: 미어샤이머의 설명력과 함의." 『국가전략』 통권 52호. 세종연구소, 2010.

엄상윤. "동북아의 긴장고조와 한반도문제의 향방." 『정세와 정책』 통권 173호. 2010년 9월호.

이대우. "미일동맹 강화가 한국 안보에 미치는 영향." 『세종정책연구』 제4권 2호. 성남: 세종연구소, 2008.

이승근. "동북아 군비경쟁과 안보협력." 『사회과학논총』 제28집 1호. 계명대 사회과학연구소, 2009.

이태환. "천안함 외교와 중국." 『정세와 정책』 통권 171호. 2010년 7월호.

허문영. "한반도 평화체제 구축과 남북군사회담 활성화 방안." 『한반도 군비통제』 군비통제자료 42. 2007.

홍현익. "김정일 방중 이후 한반도 정세 변화와 한국의 대북정책." 『정세와 정책』 통권 174호. 2010년 10월호.

황재효. "중·러 합동군사훈련의 전략적 의미." 『주간국방논단』. 2005년 10월 24일. 국방연구원, 2005.

Swanstrom, Niklas. "Security and conflict management in East Asia." *Korean Journal of Defense Analysis*, Vol. 20, No. 3. 2008.

Toft, Peter. "John J. Mearsheimer: an offensive realist between geopolitics and power." *Journal of International Relations and Development*, Vol. 8, No. 4. 2005.

[신문 및 인터넷]

『동아일보』.
『문화일보』.
『연합뉴스』.
『조선일보』.
『중앙일보』.

국방부 홈페이지, http://www.mnd.go.kr/ (검색일: 2010년 10월 26일).
동아일보 홈페이지, http://news.donga.com/ (검색일: 2010년 5월 15일).

제2부
동아시아 경제협력체 구상

제4장
부산-후쿠오카 초광역경제권 형성의 현상과 과제*

금성근_부산발전연구원 선임연구위원

I. 서문

21세기는 인류 최초의 도시의 세기라 일컬어지고 있다(Hall and Pfeiffer 2000). 이제 대도시가 세계 경제의 중심이다. 글로벌화가 진전되면 될수록 국가 간 경쟁이 대도시를 중심으로 하는 광역경제권 간 경쟁으로 바뀌고 있다. 글로벌 시티 리전(Scott ed. 2001)과 메가리전(Florida 2008) 등의 개념 이 그것이다. 이러한 기조 변화 속에서 부산-후쿠오카 초광역경제권 형성 에 대한 논의와 시도가 이루어지고 있다.

아직 부산광역시와 후쿠오카시는 각자 광역경제권을 확고히 구축하지

---

* 본 논문은 2010년 7월 제주에서 개최된 '2010 지역발전 국제컨퍼런스'에서 "The present conditions and tasks of establishing Busan-Fukuoka transborder economic zone"의 제목으로 발표된 내용을 수정·보완한 것이다.

못하고 있다. 그리고 도쿄, 오사카, 서울, 베이징, 상하이, 홍콩이라는 동북
아 6대 광역경제권의 중심도시에 비해 그 규모나 기능이 약하다. 이와 같
은 상황이 지속된다면, 부산광역시와 후쿠오카시는 대내적으로는 수도권
일극집중이 심화되고 있는 국토구조 속에서 어려움이 가중되고, 대외적으
로는 동북아에서의 위상이 점차 약화될 가능성이 높다.

한편, 부산광역시를 중심으로 하는 한국의 동남권(부산·울산·경남)과
후쿠오카시를 중심으로 하는 큐슈는 역사적으로 많은 교류가 이루어져 왔
다. 현재도 양 지역은 지역적 특성, 지리적 근접성, 교통의 편의성 등으로
경제, 사회, 문화 등 다방면에서 활발한 교류가 이루어지고 있다. 즉, 동남
권과 큐슈는 한국과 일본의 오랜 교역과 문화 교류에 있어서 핵심 지역으
로서의 역할을 해 오고 있다(Kim 2010).

앞으로 양 지역의 중심도시인 부산광역시와 후쿠오카시는 쇼핑, 레저,
교육, 의료 등을 중심으로 하는 하나의 생활권으로 발전할 가능성을 보이
고 있다.

부산광역시와 후쿠오카시가 이러한 상황을 극복하고 활용하기 위해서
는 우선 각각 대내적으로 광역경제권의 중심도시로서의 위상을 확실히 구
축해야 한다. 그리고 이를 바탕으로 부산-후쿠오카 초광역경제권을 형성
하여 동북아 6대 광역경제권에 버금가는 광역경제권으로 도약해야 한다.
이로써 부산광역시와 후쿠오카시는 '규모의 경제'를 달성하고 선순환적
지역발전의 기틀을 마련할 수 있을 것이다.

이에 부산-후쿠오카 초광역경제권 형성에 있어서의 현황과 과제를 살
펴보고자 한다.

II. 부산-후쿠오카 초광역경제권 형성의 여건

1. 부산광역시와 후쿠오카시의 동북아에서의 위상

후쿠오카시는 1차적으로 후쿠오카현, 2차적으로 큐슈를 그 배후권으로 하고 있다. 큐슈는 후쿠오카현, 사가현, 나가사키현, 구마모토현, 오이타현, 미야자키현, 가고시마현의 7현과 후쿠오카시, 기타큐슈시의 2개 정령지정도시를 지니고 있는 지역이다. 큐슈는 일본의 아시아 관문으로서 동아시아, 특히 한국과의 교류가 활발하다.

한국 동남권의 중심도시 부산광역시와 큐슈의 중심도시 후쿠오카시 간

〈그림 1〉 동북아에서의 부산-후쿠오카 초광역경제권의 위치

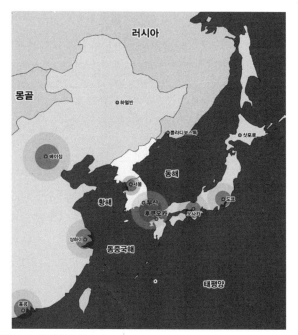

자료: 금성근(2008), 부산광역시(2010)

은 바다로 약 210㎞ 정도 떨어져 있다. 부산광역시와 후쿠오카시는 환동해
경제권과 환황해경제권의 접점에 있으며, 세계 주요 컨테이너항로가 지나
가는 등 동북아 해상교통의 요충에 있다. 하지만, 동북아의 주요 광역경제
권의 중심도시인 도쿄, 오사카, 서울, 베이징, 상하이, 홍콩보다는 경제적
규모나 기능 면에서 약하다.

2. 부산광역시와 후쿠오카시의 주요 산업

부산광역시는 해양, 기계부품소재, 관광컨벤션, 영상 · IT산업을 4대 전
략산업으로 선정하여 육성해오고 있다. 동남권 내의 울산은 자동차, 조선
해양, 정밀화학, 환경산업을, 경남은 지식기반기계, 로봇, 지능형 홈, 바이
오산업을 4대 전략산업으로 선정하고 있다.

〈표 1〉 동남권과 큐슈의 주요 산업

구분		산업
동남권 전략산업	부산	해양, 기계부품소재, 관광컨벤션, 영상 · IT산업
	울산	자동차, 조선해양, 정밀화학, 환경산업
	경남	지식기반기계, 로봇, 지능형 홈, 바이오산업
후쿠오카시의 주요 산업		• 자동차 관련 산업, 정보 관련 산업, 건강 · 의료 · 복지 관련 산업, 나노테크 · 에너지 관련 산업, 디지털 콘텐츠 관련 산업, 물류관계업, 도시형공업
후쿠오카현의 주요 산업		• 주요 산업: 운송용기계(자동차), 식료품, 전기기계, 철강, 일반기계 • 성장산업: IT · 반도체, 바이오(첨단의료, 의약품, 기능성 식품), 환경 · 리사이클, 로봇, 수소에너지
큐슈 신경제성장 전략산업		• 선도산업: 자동차, 반도체 • 차세대산업: 환경 · 리사이클, 바이오, 로봇, 신에너지 • 향토산업: 농업, 관광, 전통기술

자료: 동남권 광역경제발전위원회(2009); 후쿠오카시(2008); 큐슈경제산업국(2007a); 큐슈경제산
업국(2007b)

큐슈의 중추도시로 교통과 유통의 거점인 후쿠오카시에서는 도매업, 금융업, 생산자서비스업이 기반산업으로 성장을 주도하고 있고, 소매업, 소비자서비스업 등이 비기반산업으로서 성장을 뒷받침하고 있다. 최근 후쿠오카시는 자동차 관련 산업, 정보 관련 산업, 건강 · 의료 · 복지 관련 산업, 나노테크 · 에너지 관련 산업, 디지털 콘텐츠 관련 산업, 물류관계업, 도시형공업에 힘을 기울이고 있다.

후쿠오카시의 배후권인 큐슈에는 선도산업으로 자동차, 반도체가, 차세대산업으로 환경 · 리사이클, 바이오, 로봇, 신에너지산업이 선정되어 있다. 후쿠오카시와 큐슈의 최대 공업도시 기타큐슈시가 속해 있는 후쿠오카현의 주요 산업은 반도체, 자동차, 환경산업, 바이오(첨단의료, 의약품, 기능성 식품), 로봇산업 등이다.

그리고, 부산광역시를 포함한 동남권과 후쿠오카시를 포함한 큐슈에는 세계적인 생산 규모와 기술력을 갖춘 제조업체들이 많이 입지해 있다. 한국의 동남권에는 소재형 제조업의 집적은 약하지만 자동차, 조선 등 가공조립형 제조업이 집적되어 있고, 이들 기업들과 연관된 부품제조업이 집적되어 있다. 큐슈에는 철강, 요업 · 시멘트, 고무, 금속 등 소재형 제조업에서부터 전기기기, 반도체, 자동차, 조선 등 가공조립형 제조업까지 폭넓게 집적되어 있다. 동남권과 큐슈에는 현대자동차, 삼성자동차, 대우조선, 삼성조선, 두산중공업, 신일본제철, 도요다자동차, 닛산자동차, 야스가와전기, 브릿지스톤 등과 같은 해당 업계를 선도하는 세계적 대기업이 입지해 있다.

그런데 동남권과 큐슈 간에는 유사한 업종은 많지만 산업 간 보완관계는 약하다. 그 결과, 서로 상대 지역이 관광시장, 제품시장으로서의 역할을 해 주기를 바라는 측면이 강하다. 특히, 후쿠오카시는 제조업이 미약하기 때문에 더욱 그러하다.

3. 부산광역시와 후쿠오카시 간 교통망

부산광역시와 후쿠오카시는 한국과 큐슈의 관문도시로서 항공, 해운, 육운 등 다양한 교통수단으로 잘 연계되어 있다.

여객수송에 있어서는 양 도시 간에 페리 뉴카멜리아호와 부산-후쿠오카(210㎞)를 시속 83㎞로 2시간 55분에 주파하는 제트포일(Jetfoil) 7척(코비 3척, 비틀 2척, 제비 2척)이 있다. 그리고 부산광역시와 후쿠오카시를 잇는 부정기 크루즈 등이 있다. 그리고 2010년 5월 현재, 부산의 김해국제공항과 후쿠오카국제공항 사이에는 1일 4편, 주 28편 운항체제가 구축되어 있다.

그리고 물류에 있어서는 세계 5대 컨테이너항인 부산항과 큐슈의 주요 항만인 하카다항이 정기 컨테이너 항로로 연결되어 부산광역시와 후쿠오카시 간에는 화물수송체제도 잘 구축되고 있다. 2008년 기준, 부산항에 개설된 주요 항만과의 항로는 310개이며, 선사 및 공동운항 선대는 78개(국적 15개사, 외국적 63개사), 총 선복량은 414,889 TEU이다. 부산항과 하카다항과의 정기 컨테이너 항로는 7개 노선이 있는데, 이 가운데 1개 노선은 화객 RORO선으로 매일 취항하고 있다.

〈표 2〉 부산광역시와 후쿠오카시를 연결하는 국제교통편(2010년 5월)

구분	지역	교통편(주 운항회수)	정원(명)	소요시간
항공	후쿠오카시	대한항공(14), 아시아나항공(7) 에어부산 (7)	-	50분
여객선	후쿠오카시	뉴카멜리아 (6)	522	6시간
	키타큐슈시	세코마루(6)	640	7시간
	후쿠오카시	비틀 4척 + 코비 3척 (26)	220/1척	2시간 55분
	쓰시마	씨플라워(5~6), 드림플라워(5~6)	376, 300	1시간 40분(히타카츠), 2시간 40분(이즈하라)

주: 쓰시마는 나가사키현임
　뉴카멜리아의 소요시간은 하카다항→부산항, 세코마루의 소요시간은 모지→부산의 주간 운항시간임
자료: 해당 기관의 홈페이지 등에서 작성

4. 부산광역시와 후쿠오시 간 교류조직

부산광역시 일원과 후쿠오카시를 포함한 후쿠오카권에는 한일 교류에 관련되는 다양한 조직들이 있다.

정부차원에서는 1992년 발족한 '한일(큐슈)경제교류회의'가 있다. 지식 경제부와 큐슈경제산업국이 사무국으로 되어 있고, 매년 회의가 열리고 있으며, 한국과 큐슈의 경제교류 진흥을 도모하고 있다.

현·광역시·도 차원에서는 '한일해협연안시도현지사교류회의'가 있다. 한국에서는 부산광역시, 경상남도, 전라남도, 제주도의 1시 3도, 일본에서는 후쿠오카현, 사가현, 나가사키현, 야마구치현의 4현이 참가하여 경제뿐만 아니라 관광·문화·학술교류까지 포함하여 폭넓게 논의를 하고, 사업을 제안·실시하고 있다.

그리고 도시차원에서는 한중일 3개국 10개 도시가 참가하는 '동아시아 경제교류추진기구'가 있다. '동아시아경제교류추진기구'는 '제조부회' '로지스틱부회' '환경부회' '관광부회'의 4개 부회를 두고, 주제별로 활발한 교류를 모색하고 있다.

〈표 3〉 부산광역시와 후쿠오카시가 포함된 한일교류의 조직

참가주체	개요
행정	한·일(큐슈) 경제교류회의(1992년), 동아시아경제교류추진기구(2004년), 한일해협연안시도현지사교류회의(1992년), 부산·후쿠오카경제협력협의회(2008년)
기업, 대학	큐슈한일경제교류회, 큐슈투자지원회(2008년)와 부산투자지원회(2009년), 후쿠오카현 한일친선협회(1975년), 부산·후쿠오카포럼(2006년), 동아시아학회와 비전과 연대 21
대학	부산·후쿠오카대학 간 컨소시엄(2007년), 부산대학과 큐슈대학, 경성대학과 세이난학원대학 등
시민	한일교류하카다회(1989년), 일본코리아시민교류네트워크 후쿠오카(2002년) 등

주: ( )안은 창립 연도

부산광역시와 후쿠오카시 차원에서는 다양한 단체가 자매결연의 체결이나 제휴 등으로 교류를 실시하고 있다. 행정기관인 부산광역시와 후쿠오카시는 물론, 상공회의소, 청년회의소의 경제단체, 미디어, 변호사회, 치과의사회, 문화단체, 관광단체 등 각 단체에서 교류를 해 오고 있다.

행정에서는 부산광역시와 후쿠오카시가 1989년에 '행정교류도시'로서 파트너십 선언을 한 이후, 산업별 상담회나 교류회를 중심으로 다양한 경제교류를 지속해 왔다. 그리고 양 도시는 2008년 '행정교류도시'에서 '자매도시' 관계로 재편했다. 1999년에는 양 도시 간의 지속적인 발전을 목표로 하여 '부산·후쿠오카 비즈니스 벨트협의회'를 설립하고 경제교류를 하였다. 주된 경제교류의 내용은 지역기업의 상담·교류회, 견본시 참가 등이었다.

또한, 부산광역시와 후쿠오카시는 관광을 중심으로 공동사업을 실시 해 오고 있다. 2000년 이후, 도쿄, 서울, 상하이, 타이페이, 칭다오, 광저우, 다이렌에서 '공동 관광객 유치사업'을 실시해 오고 있다. 2004년에는 상하이를 포함한 3개 도시에서 시민 크루즈 '삼도 항로 2004'를 실시하였다. 2008년에는 상하이에서 개최된 세계 최대급 크루즈 전시회 '올 아시아 크루즈 컨벤션'에 공동 참가하였다. 2008년 '아시안 게이트웨이 2011년'으로 양 시 간의 관광협력을 보다 구체화하였다. 그리고 부산광역시와 후쿠오카시가 중심이 되어 양 시의 상공회의소, 관광컨벤션뷰로, 무역단체, 경제단체, 연구소 등 14개 기관이 참가하는 '부산-후쿠오카경제협력협의회'를 발족시켜 양 시의 교류 협력을 이끌어 내기 위한 논의의 장을 마련하였다.

기업 등 민간에서는 매스컴으로 부산일보와 서일본신문이 직원의 상호 파견을 실시하고 있는 것 이외에 KNN은 텔레비 니시닛폰, 중국 다이렌전 시대와 3국 공동으로 프로그램을 제작하였다. 비즈니스 교류를 목적으로 는 2005년 발족한 '큐슈한일경제교류회'는 한국에 관심을 가지는 큐슈의 기업 대표 등 80명 정도가 참가하여 활동하고 있고, 한국과의 비즈니스 매

칭 등 실리적인 교류를 실시하고 있다. '큐슈투자지원회'는 한국의 신한은
행 후쿠오카지점이 사무국이 되어 21개 기업이나 사무소가 참가하여 2008
년 발족되었고, 한국으로부터 큐슈에 투자상담이 있으면, 순조로운 유치
를 위해 회원의 사업분야별로 4개의 그룹으로 나누어 한국으로부터의 진
출기업에 대해 지원하고 있다.

부산광역시에서는 2009년 이에 대응하는 조직으로 '부산투자지원회'가
설립되었다. 그리고 부산광역시와 후쿠오카시에 본사를 두고 있는 기업이
나 연구소, 그리고 대학의 대표 23명으로 2006년 발족한 '부산 · 후쿠오카
포럼'은 매년 회의를 개최하고 있다. 경제나 관광 · 문화 · 학술 교류 등 폭
넓은 분야에서 행정에 대해 제언을 해 오고 있는데, 그 가운데 '부산 · 후
쿠오카 우정의 해'나 '대학 간 컨소시엄' 등 실현된 제언도 있다.

대학에서는 후쿠오카시내의 대학을 중심으로 후쿠오카현 내 13개 대학
과 부산광역시 내 11개 대학이 참가하여 2008년 9월 '부산-후쿠오카 대학
간 컨소시엄'이 발족되었다. 향후, 학생들이 컨소시엄 내 타 대학에서 강
의를 수강해 학점으로 인정받는 공동과목의 개설이나 복수의 대학 교원에
의한 '릴레이 강의'를 실시하는 등 학생을 중심으로 한 대학 간 교류를 목
표로 하고 있다. 그리고 부산대학교와 큐슈대학, 경성대학교와 세이난학
원대학 등 대학단위의 교류 이외, 동서대학교 디자인학부와 큐슈산업대학
예술학부 등 학부 간 교류도 하고 있다. 시립의 고교, 중학교, 초등학교에
서도 각각 자매결연을 맺고 교류를 해 오고 있다.

연구기관에서는 1993년 제2회 '한일해협연안현시도지사교류회의'에서
제안되어 1994년 '한일해협권연구기관협의회'가 결성되어 지금까지 공동
연구 및 학술 · 정보 교류를 해오고 있다. 2009년 현재 한국 측에는 부산발
전연구원, 경남발전연구원, 광주발전연구원, 전남발전연구원, 제주발전연
구원, 울산발전연구원이 참가하고 있다. 일본 측에서는 큐슈경제조사협
회, 후쿠오카아시아도시연구소, 국제동아시아연구센터, 나가사키경제연
구소가 참가하고 있다. 그리고, 대학과 기업인 등 민간으로 구성된 후쿠오

카 측의 '동아시아학회'와 부산광역시에 있는 시민그룹 '비전과 연대 21'
은 매년 공동으로 학회를 개최하는 등 학술교류를 해오고 있다.

5. 부산광역시와 후쿠오카시의 인적 이동

한국 남부 지역의 관문인 부산광역시와 큐슈의 관문인 후쿠오카시를 경
유한 외국인 입국 현황을 살펴보면, 양 지역 모두 상호 큰 비중을 차지하고
있다. 2008년 부산광역시에 들어온 외국인 182만 명 가운데 일본인이 54만
명으로 약 29.8%를 차지하고 있다. 후쿠오카시로부터 들어오는 일본인에
대한 정확한 통계치는 알 수 없지만, 입국경로별 부산 입국자수에서 2007
년 부산항 경유가 16만 명 정도, 후쿠오카시 하카다항을 통한 출국자수가
2006년 38만 명 정도(일본인, 외국인, 한국인 포함)이어서 그 규모를 추측할
수 있다. 2006년 큐슈로 들어온 외국인수 79만 명 가운데 한국인이 52만
명으로 약 65%를 차지하고 있다.

후쿠오카시로의 한국인 입국자수의 추이를 보면, 후쿠오카공항, 하카다
항 모두 지속적으로 입국자수가 증가하고 있다. 2003년 이전에는 후쿠오
카공항이 한국인 입국의 관문으로서 최대였지만, 2004년 이후 하카다항으
로의 한국인 입국자수가 후쿠오카공항을 상회하고 있다. 2007년 한국인

〈표 4〉 부산광역시의 일본인 입국 현황

(단위: 천 명)

구분	입국 외국인 합계	입국 일본인				
		합계	김해공항	부산항	타지 경유	선원
2008년	1,817	540	243	171	93	33
2007년	1,671	549	214	157	143	35
2000년	1,540	690	288	164	217	21

자료: 부산광역시 내부자료

입국자수는 하카다항이 27만 8천 명, 후쿠오카공항이 23만 1천 명에 이른다.

부산-후쿠오카 간에는 비행기보다는 선박을 이용하여 관광목적으로 오고 가는 사람들이 많은데, 부산·후쿠오카 간 여객선에 의한 인적 이동은 환율, 정치적 관계 등 양국을 둘러싼 대외환경 변화에 많은 영향을 받고 있다고 할 수 있다. 부산-후쿠오카 간에 제트포일이 도입됨으로써 부산-후쿠오카 간 이동인구는 크게 증가하였다. 부산-후쿠오카 간 제트포일의 승객수는 1991년 45,000명에서 2007년 607,000명으로 증가하였다. 2005년 이후 한국인 승객수와 일본인 승객수의 변동은 원화 대 엔화의 환율에 의한 바가 크다.

이러한 양 도시 간 인적 이동의 영향으로 후쿠오카시는 아시아의 관문으로서 방문 외국인 가운데 한국인의 비율이 높은 만큼 한국어 통역안내 면허 보유자도 많다. 부산광역시도 일본어 통역은 원활한 편이다.

〈그림 2〉 국적별 부산-후쿠오카 제트포일 승객수

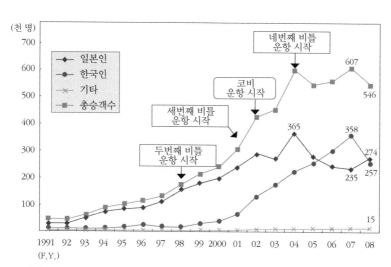

주: 부산과 후쿠오카를 연결하는 비틀과 코비의 총승객수
자료: JR Kyushu

6. 부산광역시와 후쿠오카시의 경제교류

부산광역시와 후쿠오카시의 경제교류는 통계상 파악하기 어렵기 때문에 양 시의 양국에 대한 경제교류로 추측할 수밖에 없다. 후쿠오카시의 대한국 무역에 있어서 취급량이 많은 하카다항의 대한국 무역은 수입에 비해 수출의 증가폭이 컸기 때문에 2004년 이후에는 수출초과가 계속되고 있다.

2008년 하카다항의 대한국 무역규모는 2008년 수출 2,196억 엔, 수입 1,080억 엔에 이르고 있다. 하카다항의 무역액에서 차지하는 한국의 비중은 2008년 수출 13.2%, 수입 12.1%로 한 나라에 대한 무역비율로서는 높다고 할 수 있다. 하카다항에서는 부산을 연결하는 화물여객선 카멜리아 라인이 2004년부터 매일 운항되어 한국과의 무역이 증가하였다. 하카다항의 대한국 무역 품목은 전기기기와 일반기계가 주류를 이루고 있는데, 수출입 모두 전기기기의 비율이 높아 2008년 수출에서 28.4%, 수입에서 43.1%를 차지하여 수평분업이 진행되고 있다고 할 수 있다.

후쿠오카시의 주요한 대한국 무역창구인 후쿠오카공항은 최근 10년간 지속적으로 수출초과를 기록하고 있다. 후쿠오카공항의 전체 수출입에서 차지하는 대한국 무역의 비율은 2008년 수출 15.3%, 수입 20.7%에 이르고 있다. 후쿠오카공항의 대한국 무역 품목은 수출입 모두 전기기기가 높은데, 경박단소형이 항공수송에 적합하기 때문이다.

부산광역시와 후쿠오카시 간의 상호 기업 진출은 미약하다. 후쿠오카시 내 기업의 부산광역시 진출은 7건인데, 야마야커뮤니케이션즈가 제조를 하고 있고, 그 외는 서비스업을 하고 있다. 수입 등의 무역이나 소매, 음식점, 물류, 선차권(船車券)의 판매 등이 포함되어 있다. 시민 교류나 행정 교류 등과 비교하면, 자본 투하가 수반되는 후쿠오카 기업의 한국진출은 저조한 편이다. 그 이유는 중국 등 다른 나라와 비교하면, 한국에 진출하는 것이 낮게 평가되고 있기 때문이다. 후쿠오카시에 거점을 둔 한국기업은 여행대리점이나 호텔, 항공회사 등 관광 및 사람의 교류에 관련된 것이 많다. 여행 대리점 8개, 호텔 1개, 항공 2개 사업체이고, 그 외 은행 1개, 영업소·무역·기타 4개 사업체이다.

그것은 다음의 두 가지 큰 이유가 있다. 하나는 큐슈기업 또는 부산기업은 지점이나 공장이 많은데, 국제적 비즈니스를 하는데 아직 의사결정력이 약하다는 것이다. 다른 하나는 일본기업에 있어서 한국은 임금이나 시장 측면에서 매력적이지 않다는 것이다. 중국에 비해 한국의 임금수준은 높고, 시장은 작아 큐슈기업은 한국을 중국에 비해 비교열위에 두고 있다 (Takaki 2010).

Ⅲ. 부산-후쿠오카 초광역경제권 형성을 위한 틀과 사업

부산광역시와 후쿠오카시는 1989년에 '행정교류도시'로서 파트너십을 맺은 이후, 문화, 관광 등을 중심으로 교류사업을 활발히 해 오고 있다. 산업별 상담회나 교류회 개최 등 경제교류도 지속적으로 해 오고 있다.

부산-후쿠오카 초광역경제권은 우선 한국의 동남권의 중심도시인 부산광역시와 큐슈의 중심도시인 후쿠오카시가 국경을 넘어 초광역경제권을 형성하려는 것이다. 그리고 부산-후쿠오카 초광역경제권을 바탕으로 하여 동남권-후쿠오카현, 동남권-큐슈로 초광역경제권의 공간적 범위를 확대해 나가고자 한다.

부산-후쿠오카시는 2005년 면적 1,106㎢, 인구 504만 명, GRDP 1,090억 달러, 2006년 공업출하액 376억 달러에 이른다. 동남권·큐슈는 2005년 면적 54,522㎢, 인구 2,124만 명, GRDP 5,632억 달러, 2006년 공업출하액 4,359억 달러에 이른다. 동남권·큐슈의 한국에 대한 비중은 2005년 면적

54.7%, 인구 43.5%, GRDP 69.8%, 2006년 공업출하액 44.6%에 이른다. 동남권 · 큐슈는 면적이 네덜란드(41,284㎢)보다 크고, 인구는 타이완(2,262만 명)과 비슷하며, GRDP는 네덜란드(6,242억 달러)보다 작은 규모이다.

부산-후쿠오카 초광역경제권은 동북아시아의 문화, 경제를 리드하는 대도시권 간 네트워크의 한 축으로서의 글로벌 도시 지역, '동북아시아를 리드하는 글로벌 초광역경제권'을 지향한다. 부산-후쿠오카 초광역경제권은 양 도시의 일체적인 연계 강화에 의한 국제경쟁력의 향상과 지역활성

〈그림 3〉 부산-후쿠오카 초광역경제권 형성의 이미지

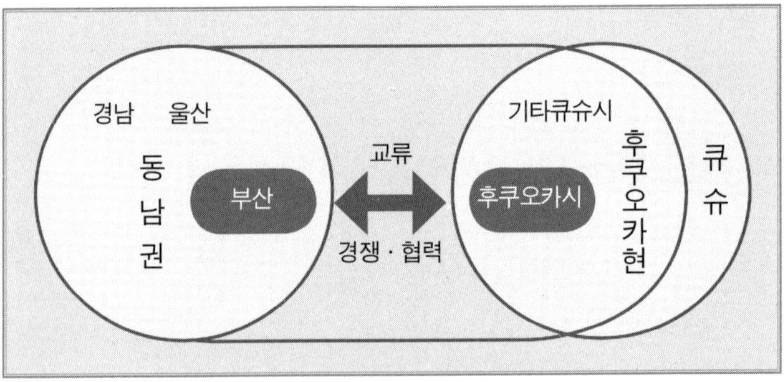

자료: 금성근(2008), 부산광역시(2010)

〈표 5〉 부산-후쿠오카 초광역경제권의 규모(2005년)

도시명	부산-후쿠오카시	동남권-후쿠오카현	동남권-큐슈
면적(㎢)	1,106(1.1)	17,320(17.4)	54,522(54.7)
인구(만 명)	504(10.3)	1,294(26.5)	2,124(43.5)
GRDP(억 달러)	1,090(13.5)	3,116(38.6)	5,632(69.8)
공업출하액(억 달러)	376(3.8)	2,571(26.3)	4,359(44.6)

주: 1. 2005년 데이터는 1달러 105.0 円, 1달러 1,013.0원으로 환산
       2006년의 데이터는 1달러 119.0 円, 1달러 929.6원으로 환산
   2. 공업출하액은 2006년도 통계치임
   3. ( )안은 한국을 100으로 했을 때의 비율 %임
자료: 부산광역시(2010)

화를 도모하고, 한일 신시대에 있어서 국경을 초월한 새로운 지역연계모
델을 제시하며, 한일 양국을 연결하는 동북아시아의 신국토발전축을 형성
하고자 한다. 이를 위해 2009년 부산광역시와 후쿠오카시는 부산·후쿠오
카 초광역경제권 형성을 촉진하기 위해 4개 기본방향, 9개 전략, 23개 협력
사업, 64개 과제를 설정하고 2010년부터 점진적으로 이를 실행에 옮기기
로 했다. 그 구체적인 내용은 다음과 같다(부산광역시·후쿠오카시 2009).

첫째, 미래지향적 비즈니스 협력촉진이다. 이를 위한 3개 전략은 기업
간 협력 환경조성, 미래형 산업의 육성, 상호투자 촉진, 관광컨벤션의 교류
협력이다. 이를 실현하기 위한 협력사업으로는 경제협력사무소의 상호 설
치, 중소기업 간 교류지원, 수산시장을 비롯한 시장 간의 교류, 부산·후쿠
오카 공동브랜드 창설, 미래형산업의 공동 육성을 위한 시스템 조성, IT산
업의 교류촉진, 자동차 관련 산업의 교류촉진, 환경·에너지산업의 연계

〈그림 4〉 부산-후쿠오카 초광역경제권 형성 추진을 위한 기본방향과 전략

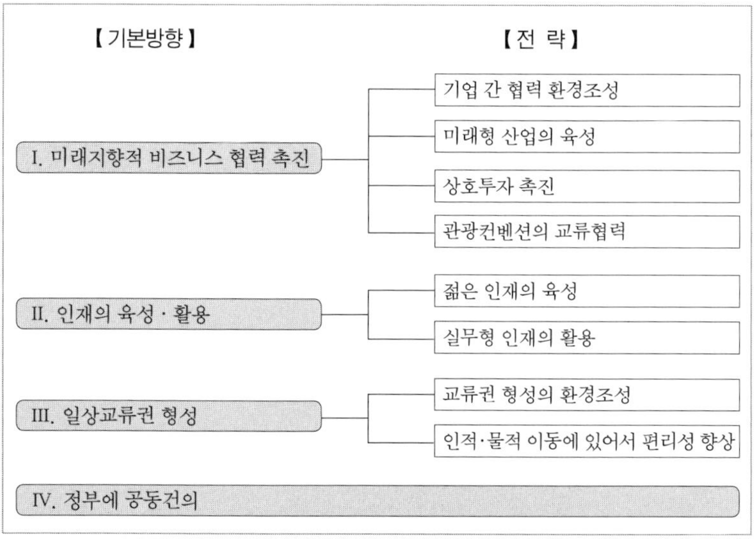

자료: 부산광역시·후쿠오카시(2009)

체제 구축, 기업유치 상호 협력, 한국기업의 상장에 관한 후쿠오카 증권거래소에 대한 지원, 양 도시로의 관광객 유치 촉진, 전시 · 컨벤션 상호 협력의 12개 협력사업이 있다.

둘째, 인재의 육성 · 활용이다. 이를 위해 젊은 인재의 육성, 실무형 인재의 활용을 제시하고 있다. 이를 실현하기 위한 협력사업으로는 상대국 문화 · 언어 학습기회의 확대, 청소년 교류 촉진, 대학생 교류 활성화, 인턴십 수용 지원, 전문인력 매칭 협력의 5개 협력사업이 있다.

셋째, 일상교류권 형성이다. 이를 위한 전략으로서 교류권 형성의 환경 조성, 인적 · 물적 이동에 있어서 편리성 향상을 제시하고 있다. 이를 실현하기 위한 협력사업으로는 우정의 해 기념사업의 계속 개최, 부산-후쿠오카 초광역경제권 홍보체제 강화, 전자머니의 이용 환경 조성, 양 도시를 연결하는 교통수단의 확충, 상대국 언어표기 확대의 5개 협력사업이 있다.

넷째, 정부에의 공동 건의이다. 부산-후쿠오카 초광역경제권의 실현을 위해 양 지역만으로 해결하기 어려운 문제에 대해서는 양 도시가 중심이 되어 양국 정부 등에 제도, 자금지원 등에 대해 건의해 나간다.

IV. 부산-후쿠오카 초광역경제권 형성의 과제

과거 동북아에서의 경제협력은 동북아의 정치, 경제, 역사적 요인들에 의해 원칙적으로 시장주도적이고, 비대칭적이며, 제도화되지 못한 특징을 지니고 있다(Kim 2010).

이러한 동북아에서의 경제협력의 특성과 한일관계의 특수성 때문에, 한일해협권의 월경협력을 추진해 나가는 데 있어서는 초광역경제권의 구체적인 거버넌스 구조를 만드는 문제, 다양한 거버넌스 주체들 간에 수평적인 전략적 통합을 끌어내는 문제, 지정학적 분열의 힘이 강한 동북아에서 지경학적·지문화적 통합의 힘을 공간적으로 제도화하는 문제가 대두된다(Lee 2009).

그리고 한일해협권의 월경협력의 논리는 요소 코스트 격차에 바탕을 둔 종래의 비교우위 대신에 공동의 비교우위 내지 경쟁우위에서 나올 수 있다(Kim, Takaki and Lee(eds.) 2005).

이러한 상황 속에서 부산광역시와 후쿠오카시가 초광역경제권을 형성하는 데에는 아직 국경이라는 높은 물리적, 제도적 장벽이 있을 뿐만 아니라 210㎞ 이상의 해상거리, 높은 항공요금, 산업 간 보완성의 부족, 노동력의 엄격한 이동제한, 언어장벽, 관습의 차이 등과 같은 많은 제약요인이 있다.

부산광역시와 후쿠오카시가 이러한 제약 요인을 극복하고 현재의 교류·협력을 바탕으로, 양 지역이 지니고 있는 잠재력을 경제여건 변화에 재조명하여 경제협력 등을 이끌어 내어 부산-후쿠오카 초광역경제권으로 발전시켜 나가기 위해서는 양국 정부와 중심도시인 부산광역시, 후쿠오카시는 다음 사항에 대해 공동 노력하는 것이 필요하다.

첫째, 양 지역이 비전을 공유해야 한다. 동북아시아는 도쿄권, 오사카권, 서울권, 베이징권, 상하이권, 홍콩권과 같은 광역경제권의 네트워크에 의해서 움직인다고 해도 과언이 아니다. 부산광역시와 후쿠오카시를 중심으로 하는 양 지역이 이들 동북아시아 광역경제권의 대열에 들어가지 못한다면 지역발전은 정체될 가능성이 높다. 부산-후쿠오카가 인적교류와 경제협력을 통해 초광역경제권을 형성하는 것은 수도권 중심의 국토구조에서 벗어나 동북아시아의 새로운 핵심경제권, 새로운 성장거점으로 도약하려는 것이라는 비전을 공유해야 한다.

둘째, 상호 이익이 되는 체제를 만들어 내야 한다. 이를 위해서는 먼저 산업 간 보완관계를 찾아내고 강화해 나가야 한다. 우선 부산광역시와 후쿠오카시의 이해관계가 첨예하게 대립되지 않고 교류·협력이 용이한 교육, 의료, 레저, 쇼핑, 관광 등의 분야에서 교류·협력을 확대해 나가야 한다. 이를 바탕으로 부산광역시를 중심으로 한 동남권의 항만능력, 제조능력, 풍부한 인력과 후쿠오카시를 중심으로 한 큐슈의 자본, 기술, 마케팅력 등 양 지역이 지니고 있는 산업적 강점을 상호 결합하여 산업적 보완관계를 만들어내야 한다. 또한, 급변하고 있는 경제산업분야의 환경변화를 재빨리 읽어내고 이를 활용하여 새로운 산업적 보완관계를 모색해야 한다. 예를 들면, IT와 제조업의 융복합화라든가, 세계적인 경제위기와 일본의 엔고 등에 따른 일본의 비용절감 노력 등에서 새로운 산업적 보완관계를 모색하는 것 등이다.

셋째, 양 지역 간 정보가 원활히 흐를 수 있도록 해야 한다. 우선 각처에 흩어져 있는 양 지역 관련 정보를 한 곳에서 접할 수 있도록 하는 정보 플랫홈을 구축해야 한다. 아울러 부산-후쿠오카 초광역경제권을 둘러싼 사회·경제 환경변화, 분야별 현황, 형성촉진을 위한 제도, 시스템, 아이템의 발굴, 타 지역의 선행사례 등에 대한 지속적인 조사연구를 통하여 양 지역에 관해 구체적이고 신뢰할 수 있는 정보를 만들어내고, 이를 바탕으로 이론적 근거를 공고히 해나가야 한다. 그리고 실시간에 상대방의 정보를 얻을 수 있는 사이버 공간을 만드는 것이 필요하다.

또한, 양 지역의 각 분야의 핵심인물을 쉽게 파악할 수 있고, 연결할 수 있는 핵심인물(Key-person) 네트워크를 구축해야 한다. 일반적인 정보는 포털 사이트와 같은 넷상에서 얻을 수 있지만 핵심적인 정보는 그 분야의 핵심인물과의 대면접촉에 의해서 얻을 수 있기 때문이다. 그리고 핵심인물이 양 지역의 협력사업을 이끌어내는 창구이자 촉진제이기 때문이다.

넷째, 경제산업 지원단체 간 협력을 활성화해야 한다. 아직 양 지역의 기업 간 협력을 이끌어 내기에는 서로 정보가 부족하고 신뢰도 부족하다. 우선 양 지역의 공신력 있는 경제산업 지원단체 간의 교류·협력을 통해서 기업 간 협력의 기반을 구축해 나가야 한다. 이들 경제산업 지원단체가 양 지역의 기업 간 협력의 창구역할을 할 수 있도록 해야 한다.

다섯째, 점진적으로 경제협력의 공간범위를 확대해야 한다. 후쿠오카시는 유통업을 중심으로 하는 3차 산업이 중심으로 되어 있어 부산광역시와 후쿠오카시만의 경제산업 협력으로는 한계가 있다. 부산광역시와 후쿠오카시라는 도시 차원의 일 대 일의 협력모델을 동남권과 큐슈라는 광역권 차원의 다수 대 다수의 협력모델로 발전시켜 나가야 한다. 이로써 경제협력에 있어서 기회의 확대와 '규모의 경제' 내지 '범위의 경제'를 도모해야 한다. 일차적으로는 부산광역시를 중심으로 하는 동남권과 후쿠오카시를 중심으로 하는 후쿠오카현, 이차적으로는 큐슈 전역으로 경제협력의 공간적 범위를 확대해 나가야 한다. 이를 위해서는 먼저 부산, 울산, 경남이 광역경제권 체제를 확립하는 것이 필요하다.

여섯째, 경제협력의 직·간접비용을 줄일 수 있는 물리적, 제도적 개선에 공동 노력해야 한다. 양 지역 간 경제협력에 있어서는 이동비용, 이동시간, 각종 규제, 언어 등에 의한 직·간접비용이 크다. 이를 해소하기 위해서는 부산광역시와 후쿠오카시 간 항공요금의 인하 및 항공기 취항빈도의 제고, 장래적으로는 한일해저터널과 위그선 등의 새로운 교통수단의 도입, 전자여권의 도입 등에 의한 출입국수속의 개선, 통역이 필요 없을 정도의 상호 언어학습 등이 필요하다. 나아가 양 지역의 문화, 언어, 비즈니스 관습 등을 잘 아는 인재를 육성하여 이들이 양 지역의 경제협력을 이끌어 나가는 주역이 되도록 해야 한다. 이를 위해서는 양 지역에서 인턴십을 활성화하거나 인재교육 프로그램에 상대 지역의 학생, 사회인들이 참여할 수 있는 기회를 확대해 나가야 한다.

일곱째, 세부추진사업의 성공사례 창출과 그 확산이다. 부산-후쿠오카 초광역경제권 형성촉진을 위한 23개 협력사업, 64개 과제 가운데 실행하기 용이한 사업부터 시작하여 상징적인 사업까지 성공시켜 나감으로써 상호 협력사업의 추진에 있어서 자신감을 갖도록 해야 한다. 협력사업의 성공사례를 만들어 내고 확산시켜 나감으로써 부산-후쿠오카 초광역경제권 형성이 가시화 되어가는 것을 대내외에 홍보하고, 이를 바탕으로 인근 지역의 참여와 국가적 정책지원을 이끌어내야 한다. 이를 뒷받침하기 위해서 부산-후쿠오카 초광역경제권이 양 지역, 양국의 발전에 미치는 가시적 효과를 정성적, 정량적으로 제시해 나가야 한다.

V. 맺는 말

부산광역시와 후쿠오카시 간 교류 · 협력을 바탕으로 부산-후쿠오카 초광역경제권, 나아가 동남-큐슈 초광역경제권을 형성하기 위해서는 무엇보다 신뢰의 구축이 중요하다. 우선 양 지역이 서로에 대해 객관적으로 인식하고 서로의 장점을 인정하며 활용하는 것이 필요하다. 그리고 양 지역 간에는 상당한 문화적 차이가 있기 때문에 상대를 먼저 배려하는 마음가짐으로 상대방과 보조를 맞추면서 점진적으로 교류 · 협력해 나가야 한다. 일본의 신중함과 한국의 스피드를 상호 이해하고 조화시키는 것이 필요하다.

우선, 부산광역시와 후쿠오카시가 합의한 협력사업을 부산광역시가 주도하여 점차적으로 성공시켜 나감으로써 양 지역의 교류 · 협력의 실현 가능성을 보여주고 확산시켜 나가는 것이 필요하다.

또한 부산광역시와 후쿠오카시는 부산-후쿠오카, 동남-큐슈의 초광역경제협력이 새로운 한일 경제협력을 열어간다는 측면을 강조하여 양국 정부의 정책적 뒷받침을 이끌어내는 것이 필요하다. 이를 위해서 부산광역시와 후쿠오카시가 동남-큐슈 초광역경제권을 선도하는 관점에서 국가차원에서 풀어야 할 과제를 발굴해 내고 이를 지속적으로 정부에 제기해 나가야 한다.

| 참고문헌 |

금성근. 초국경 광역경제권 발전의 조건과 미래 국제세미나. "부산-후쿠오카 초국경 광역경제권 형성 전략과 과제." 부산발전연구원, 2009a.

_____. 세계화 시대 변경과 과경민족, 그리고 동아시아 협력 국제학술회의, 초국경 광역경제권 발전의 조건과 미래 국제세미나. "부산-후쿠오카 초국경 광역경제권 형성 전략과 과제." 연변대학 동북아연구원 · 한국동북아역사재단, 2009b.

_____. "부산-후쿠오카의 동북아 핵심경제권 형성방안." 부산발전연구원, 2008.

_____. "부산-큐슈의 교류확대와 지역경제활성화." 부산대 개교 60주년 기념 국제학술대회. 2006.

_____. "한국 동남권과 일본 후쿠오카현간의 산학협력 방안." 『해협권연구』 제5호. 한일해협권연구기관협의회, 2005.

琴性根. "日韓海峽經濟圈への動きと課題." 『ながさき經濟』, No.120. 長崎經濟研究所, 1999.

_____. 「글로벌리제이션 하에서 부산과 후쿠오카의 지역대응」. 부산발전시스템연구소, 1992.

부산광역시. 「부산-후쿠오카 초광역경제권 형성촉진에 관한 연구」. 2010.

부산광역시 · 후쿠오카시. 「부산-후쿠오카 초광역경제권 형성 추진을 위한 협력사업」. 2009.

부산발전연구원. 「부산-후쿠오카간 산업결합 가능성 조사연구」. 2000.

큐슈경제산업국. 「큐슈국제화전략」. 2007a.

_____. 「큐슈의 투자환경 2007」. 2007b.

후쿠오카시. 「기업입지 안내」. 2008.

田坂敏雄 編. 『東アジア都市論の構想』. 御茶の水書房, 2005.

九州地域産業活性化センター. 「日韓自由貿易協定(FTA)の影響と日韓海峽經濟圈の可能性に關する調査報告書」. 2005.

Florida, R. *Who's your city?* New York.: Basic Books, 2008.

Hall, P., and Pfeiffer, U. *Urban Future 21*. New York.: E&FN Spoon, 2000.

Kim, Won Bae, Naoto Takaki, and Dae-Shik Lee(eds.). "Collaborative Regional Development across the Korea-Japan Strait Zone." Korea Research Institute for Human Settlements. 2005.

Kim, Won Bae. "Transborder Regional Development and Inter-city Networking in Northeast Asia." 2010 PCRD International Conference in Jeju: Transborder Regional Development and Policy Agenda in Northeast Asia. 2010.

Lee, Chul-Ho. "New Regionalism across the Korea-Japan Strait: Opportunities and Challenges for the Cross-Border Cooperation between Busan and Fukuoka in Light of the Scandinavian ö resund Region." *The Korean Journal of Area Studies*, Vol. 27, No. 2, pp.81-110. 2009.

Scott, A. J.(ed.). *Global City-Regions: Trends, Theory, Policy*. New York: Oxford University Press, 2001.

Takaki, Naoto. "Newly Emerging Cross-Border 'Busan-Fukuoka' Mega-ciy Region." 2010 EWC/KOTI International Conference in Hawaii: Emerging Cross-Border Mega-City Region and Sustainable Transportation. 2010.

제5장
두만강 개발사업 관련 다자간 경제협력과 중국의 리더십:
유엔개발계획의 두만강 지역 개발계획부터
중국의 '창지투'개발 · 개방 선도구 사업까지*

김한권_칭화대학교 연구원

I. 개요

1991년 10월 24일, 유엔개발계획(The United Nations Development Programme, 이하 UNDP)이 두만강 지역 개발계획(Tumen River Area Development Programme, 이하 TRADP)을 제안했던 이래 동북아시아 지역 국가들은 두만강 지역 주변 개발 프로젝트와 다자간 경제협력에 많은 관심을 보이고 있다. 중국[중화인민공화국, 이하 PRC(People's Republic of China)], 러시아[러시아 연합(Russian Federation)], 북한[조선민주주의인민공화국; 이하 DPRK(Democratic People's Republic of Korea)]은 두만강을 사이

---

* 이 글은 2010년 12월 『국제정치연구』 제13집 2호에 영문으로 수록되었던 내용으로, 본서의 주제에 적합하도록 필자가 일부 수정 보완한 것을 제주평화연구원(Jeju Peace Institute)이 번역한 것이다.

에 두고 국경을 접하고 있는 인접 국가로서, 중국은 자국의 동북 3성 지역 (東北三省), 러시아는 블라디보스토크 중심의 극동 지역(Vladivostok-centered Far Eastern area), 그리고 북한은 라진-선봉 자유경제무역지구(Rajin-Sonbong Free Economic and Trade Zone)와 같은 지역 개발계획과 함께 TRADP를 매우 긍정적으로 평가했다. 일본과 한국[대한민국(Republic of Korea)], 몽골 (Mongolia) 역시 UNDP의 국제경제협력 및 개발 프로젝트가 미래에 많은 국가적 이득을 줄 것으로 예상하고 TRADP에 적극적으로 참여했다. 더구나 이 경제개발계획은 동북아시아 국가들뿐만 아니라 미국과 유럽 지역 국가들도 투자계획을 검토하면서 TRADP의 진행 과정을 유심히 지켜보았다. 왜냐하면, 동북아시아의 다자간 경제협력은 기타 지역의 경제연합에도 영향을 미칠 정도로 매우 영향력이 크고, 다자간 경제기구를 마련하여 지역의 평화를 유지하고 정치적으로도 안정을 추구할 수 있기 때문이다.

실제로 동북아시아 경제는 북미 블록 및 EU와 함께 세계 3대 경제 블록으로 부상하였다. 북한을 제외하고 러시아를 포함하여 동북아시아 지역의 GDP는 이미 세계경제의 20%를 차지하고 있으며 2015년이면 27%에 이를 것으로 예상하고 있다.[1] 또한, 동북아시아 시장은 인구가 1백만이 넘는 도시가 약 50개나 되는 등 인구 규모 면에서도 상당히 성장 가능성이 있는 시장으로 보고 있다. 게다가 TRADP를 통해 유럽과 아시아를 잇는 대륙 간 횡단 철도, 즉 시베리아 횡단 철도(TSR), 중국 횡단 철도(TCR), 만주 횡단 철도(TMR)와 남북한 횡단 철도(TKR)를 건설하게 되면 동북아시아 지역뿐 아

---

1) 세계은행(World Bank)과 IMF의 자료에 따르면, 2009년 전 세계 GDP 규모는 58조 2,282억 달러였는데, 러시아를 포함한 동북아시아 국가들의 동년 GDP 규모는 약 12조 1,155억 2백만 달러였음. 이 중 일본 5조 688억 9천만 달러, 중국 4조 9,847억 3천만 달러, 러시아 1조 2,318억 9천만 달러, 한국 8,325억 1천2백만 달러, 몽골 약 42억 3백만 달러 등이었다. 북한에 대한 자료는 신뢰성 있는 자료의 부족으로 두 기구 모두 발표에서 제외함 (http://data.worldbank.org/indicator/NY.GDP.MKTP. CD/countries/1w?display=default).

니라 전 세계경제에 영향을 미칠 수 있게 될 것이다.[2]

그러므로 UNDP는 동북아시아 지역의 경제적 가능성과 더불어 자유 제도주의의 관점에서 TRADP를 통해 다자간 경제협력과 탈냉전 시대 이후 신(新)상호의존 시스템을 마련하여 동북아시아 지역의 안정을 더욱 강화할 수 있을 것으로 전망하였다. 하지만, 1993년 북한의 핵무기 문제가 발생하여 남북한 관계가 계속해서 불안정한 모습을 보였으며, 또 한편으론 협상 테이블에 나선 국가 간 이해관계가 첨예하게 대립하였다. 더구나 1997년에서 1998년에 걸쳐 동아시아 지역이 금융위기를 맞이하는 등 많은 문제가 발생하였다. 결국 1990년대 중반 이후 TRADP를 더 이상 진전시킬 수 없는 상황이 이어지고, 1998년 이후의 이 계획은 교착상태에 빠지고 말았다.

이러한 상황적 배경을 바탕으로 본 연구에서는 먼저, 많은 국가적 이득이 있을 것으로 예상되었던 국제경제협력 계획이 1990년 중반 이후 근 10년간 왜 진전되지 못했는가에 대해 이론적으로 접근하고자 한다. 그 다음으로 UNDP가 제안했던 TRADP부터 현재 중국이 추진하는 "창지투(창춘, 지린, 두만강) 개발 · 개방 선도구사업(长吉图开发开放先导区, "Chang-Ji-Tu" Development and Opening-up Pilot Area, 이하 CJT)"까지 다자간 두만강 개발계획이 이제껏 어떻게 변화해 왔는지를 알아보고자 한다. 이러한 계획 가운데 특히, CJT는 중국 국내정치에 어떤 영향을 미치며, 이러한 중국의 지역 경제개발계획이 성공하는 데 가장 핵심이라고 여기는 북 · 중 관계를 비롯한 중국의 국제관계에는 어떤 영향을 미치는지 알아보도록 한다. 마지막으로, 지역 경제협력계획과 관련된 국가 간 이해관계는 어떠하며 어떤 문제점이 도출될 수 있는지 알아봄으로써 다자간 개발계획을 통해 어떤 문제점을 해결할 수 있고 그 전반적인 여건은 어떠한지 알아보고자

---

2) 이철, "남북 및 동북아 철도연결과 경제협력," a presented paper to 21세기 동북아미래포럼(2006년 3월 7일), p. 4.

한다.

이에 따라 본 논문은 크게 세 부분으로 나눌 수 있다.

첫 번째 부분에서는, 국제 정치학상 구조현실주의(structural realism)와 자유제도주의(liberal institutionalism)의 입장은 국가 간 "협력"과 "충돌"에 대해 어떻게 다르게 판단하고 있는지 소개한다. 전통적으로 구조현실주의자들은 이해 당사국 간에 "상대 이득(relative gains)" 즉 어떤 국가가 더 많이 가져가느냐를 강조하는 반면, 자유제도주의자들은 "절대 이득(absolute gains)" 즉, 국제관계에서는 국가 간 서로 이득이 있다면 어떤 국가가 무엇을 얼마나 더 많이 가져가느냐의 차이는 중요한 요소가 아니라고 주장한다. 또한, 이에 덧붙여 상업적 현실주의(mercantile realism)를 들어 신흥 경제 성장국인 동북아시아 국가들이 때로는 경제협력을 하고, 때로는 서로 마찰하게 되는 배경에 대해 더욱 자세히 설명하고자 한다.

두 번째 부분에서는, 1990년대 초부터 진행하고 있는 두만강 지역에 대한 다자간 경제개발의 배경은 무엇인지 알아본다. 이와 관련하여 UNDP의 TRADP를 광역두만강계획(Greater Tumen Initiative, 이하 GTI)으로 변경하게 된 과정을 설명하고, 중국의 동북아 지역 산업기반 부활 계획(蛭兴东北老工业基地, The Plan of Revitalizing Old Northeast Industrial Bases, 이하 '진흥동북')이 어떻게 직접적으로 2009년 "중국 두만강 지역 합작개발계획요강(中国图们江区域合作开发规划纲要, Outline of the Plan for the Cooperation and Development Planning of China Tumen River Area)"과 CJT에 영향을 미치게 되었는지 알아본다. 또한, CJT에 대해 중국이 국내외적으로 추구하고 있는 목표에 대해 논하면서 특히 현재 북·중 관계에는 어떤 영향을 미치는지도 논한다.

마지막 세 번째 부분에서는, 러시아, 일본, 한국, 몽골과 같은 기타 참여국들은 어떻게 반응하고 있는지, 미국은 그 반응이 어떻게 다른지도 함께 다루도록 한다. 특히 각 국가의 지역별 경제개발계획에 긍정적인 영향을 미치는 요소와 부정적인 영향을 미치는 요소가 무엇인지 자세히 다루어,

동북아시아 지역의 국제경제협력 계획이 전반적으로 어떤 상황인지 판단
해본다.

II. 이론적 검토

1990년대 초 UNDP가 TRADP를 동북아시아 지역 국가들에 제안했을 때,
여러 국가는 국가 간 경제개발계획을 통해 지역의 안보에 대한 긴장을 풀
고 탈냉전 시대 이후 평화로운 시대를 맞이하게 될 것이라고 기대했다. 그
당시에는 탈냉전 시대 이후 세계적으로 새로운 파워 구조가 정착되면서
지역 안정을 희망하는 낙관적 전망자들의 의견이 우세했는데, 이러한 전
망자들은 "절대 이득"과 상호의존적인 국제경제를 뒷받침하는 자유제도
주의의 입장을 취하고 있었다. 하지만, 국제관계(IR) 분야에 대해서는 전
통적으로 두 가지 큰 이론적 흐름인 자유주의(또는 이상주의)와 현실주의가
함께 오랫동안 공존하고 있었다. 결과적으로 구조현실주의자들은 무질서
한 국제사회에서 살아남는 데는 상대적으로 경쟁력이 있어야 하고 따라서
"상대 이득"을 중시하는 관점을 바탕으로 자유주의자들이 주장하는 절대
이득과 국제 경제 상호의존이라는 관점에 반대하여 왔다.

그런데 여기서 말하는 절대 이득과 상대 이득이라는 개념을 바탕으로
국제협력에 대해 이론적으로 다르게 접근하다 보면 두만강 지역을 둘러싸
고 각국 정부가 경제협력을 하면서도 마찰을 일으킬 수밖에 없는 현상을
납득할 수 있다.[3] 따라서 본 절에서는 상대 이득과 절대 이득에 대한 이론

---

3) 본 논문에서 "협력"은 정책 공조 과정에서 다른 나라와 의견이 다를 때 자국의 행
   동 방향을 일정 부분 조정하게 되는 것이라고 보았던 코헤인(Robert Keohane)의 개
   념을 적용함. 이와 관련하여 Robert O. Keohane, *After Hegemony: Cooperation and*

적 개념을 설명하고 구조현실주의자들과 자유제도주의자들이 국가 간 이익에 관해 어떻게 다르게 주장하는지를 설명하도록 한다. 또한, 두만강 지역 주변 국가들이 왜 서로 충돌하는지를 설명하기 위해 현실주의와 자유주의에 더하여 상업적 현실주의에 대해 간략하게 설명하고자 한다.

　무질서한 국제사회에서 국가 간 서로 충돌하거나 협력하는 이유를 구조현실주의자들과 자유제도주의자들이 이론적으로 설명하는데 절대 이득과 상대 이득 개념은 핵심 요소라 할 수 있다. 실제로 두만강 지역 경제개발계획을 시작하면서 줄곧 참여국들은 절대 이득과 상대 이득이라는 개념에 많은 영향을 받아왔다. 또한 국제관계 분야를 논할 때 현실주의 학파와 자유주의 학파는 자주 이 두 가지 이론적 개념을 내세워 논쟁을 벌이곤 했다. 로버트 파웰(Robert Powell)은 아직도 "국제관계 이론을 이야기할 때 절대 이득과 상대 이득 개념을 빼놓고는 설명할 수 없다."라고 이야기한다.[4] 일반적으로 자유제도주의 시각으로는 이해 당사국이 주로 자기 나라의 절대 이득에 주력하기 때문에 다른 국가들과의 이득 차이에 크게 영향을 받지 않는다고 보고, 국가 간 협력을 긍정적으로 평가하고 있다. 자유제도주의는 국가는 절대 이득만 취할 수 있으면 다자간 협력을 통해 상대적으로 이득을 거두든, 상대적으로 손실을 겪든 상관이 없다는 것이다. 반면, 구조현실주의 관점에서는 국가들이 절대 이득보다는 상대 이득에 관심이 더 많으므로 무정부적인 국제시스템에서 국가 간에 협력하기보다는 충돌하기 쉽다고 본다.

　더 구체적으로 설명하자면 구조현실주의자들은 무정부적 국제시스템에서 국가 간 협력에 대해 매우 회의적인데, 이렇게 주장하는 대표적인 학자로는 케네스 월츠[Kenneth Waltz(1979)], 로버트 길핀[Robert Gilpin

---

Discord in the World Political Economy(Princeton, NJ: Princeton University Press, 1984)를 참조할 것.

4) Robert Powell, "Absolute and Relative Gains in International Relations Theory," *American Political Science Review*, Vol. 85, No.4(December 1991), p. 1303.

(1981)], 죠셉 그리코[Joseph Grieco(1988)] 등이 있다. 무질서한 국제사회에서 국가들이 나눠가질 파워는 불충분한데다 상대 이득이라는 것이 보통 국제협력을 통해서는 자국의 이득을 쟁취할 수 없는 제로섬 게임(zero-sum game)으로 이어지기 마련이므로 국가들은 절대 이득보다는 상대 이득을 추구하게 되어 있다고 주장한다. 특히 월츠(1979)는 국제사회는 무정부적이므로 각 국가는 독립적으로 자국의 이익을 지킬 수 있을지 염려하기 때문에 다른 국가들의 상대적 파워를 고려하게 된다고 보고 있다. 이렇게 현실주의자들은 다른 나라의 파워와 상대 이득을 고려하다 보니 자유제도주의자들이 주장하는 것보다 국가 간 협력이 더 어렵다고 보는 것이다. 그리코 역시 신현실주의와 신자유주의의 근본적인 차이점은 신자유주의가 주장하듯 국가가 절대 이득만 고려하는 것인지, 아니면 신현실주의가 주장하듯 절대 이득과 상대 이득을 다 고려하는 것인지에 있다고 지적한다. 그리코에 따르면, 신현실주의가 주장하는 바는 각 국가는 절대 이득과 상대 이득을 모두 추구하면서도, 독립된 객체의 입장에서 무정부적인 국제사회에서 살아남기 위해 자국의 상대 이득에 주력하기 마련이라는 것이다. 따라서 국가들은 자국의 상대 이득만 추구하게 되므로 신자유주의가 주장하는 것보다는 국가들 간에 협력하기가 쉽지 않다고 본다.[5]

전통적인 현실주의자들의 논쟁은 단지 국제정치학 분야에만 국한된 것이 아니라 국제정치경제학 분야에도 응용될 수 있으며, 국제정치경제학 분야에서 경제협력은 매우 중요한 개념이자 두만강 지역 경제협력계획의 현재 진행 과정에도 직접적인 관련이 있다. 이와 관련하여 일부 신현실주의자들은 "신상업주의" 이론을 내세우고 있다. 현대 국제경제환경에서는 국가들은 자국의 주요산업이 타국에 비해 세계시장에서 점유율을 좀 더

---

5) Joseph Grieco, "Anarchy and the Limits of Cooperation: A realist critique of the newest liberal institutionalism," *International Organization* 42:485-507, p. 487.

높이거나 지속적인 이익을 취하게 하기위해 자유무역을 방해하여 자국의 주력산업에 인센티브를 제공하는 분위기이이며, 이로 인해 각 국가는 그들의 주력산업을 통해 지속적으로 우월한 국가이득을 취하고 있다고 주장한다(Krugman, 1986; Gilpin, 1975). 여기에서도 국가들이 무역을 통해 절대 이득을 취하기보다는 시장 점유를 통해 상대 이득을 취하고자 한다는 것을 알 수 있다. 따라서 신현실주의자들은 각 국가가 상대적 혜택을 받을 것인지 아니면 국제사회의 정치·경제적 경쟁에서 뒤처지고 말 것인지에 대해 고심한다고 주장한다.

그렇다면 국제적으로 협력할 경우, 상대 이득만 추구하다 발생하게 되는 국가 간 마찰은 어떻게 해결해야 할까? 구조현실주의자들의 주장대로 상대 이득 개념으로만 접근하게 되면 국가 간 협력은 절대 바랄 수 없을까? 자유제도주의 학자 중에는 상대 이득만 추구하게 될 경우, 국가 간 협력을 저해할 수 있다고 주장하는 구조현실주의자들의 관점에 동의하지 않는 사람들도 있으며, 이와 관련한 해결책을 제시하기도 한다. 던컨 스나이달[Duncn Snidal(1991)]과 제임스 S. 마셔[James S. Mosher(2003)]는 죄수의 딜레마(Prisonner's dilemma) 이론을 근간으로 하는 주장 즉, 국가는 다른 국가보다 상대 이득을 최대한 많이 취하려고 하며 이러한 국가들은 자연히 "자국이 절대적으로 얼마나 좋은 성과를 냈는지"보다는 "자국이 다른 나라보다 상대적으로 얼마나 좋은 성과를 냈는지"에 훨씬 더 관심이 많기 때문에 국제협력은 제한적일 수밖에 없다고 보는 현실주의의 관점을 시험하였다. 특히, 스나이달은 구조현실주의자들은 두 국가 간의 경우에 상대 이득은 제로섬 상황으로 유발하고 두 국가 간의 분산된 협력에 따라 공조한 계획은 완전히 수포로 돌아간다는 주장에 대해, 반대로 대집단(Large-n)의 경우 같은 제로섬의 특성이 있더라도 상대 이득이 국가 간 협력에 크게 영향을 미치지는 않는다고 주장했다. 스나이달은 또한 무정부적 국제환경이 국가 간 협력하는 환경으로 바뀌는 변환기에는 국제적인 협력은 절대 이득보다는 상대 이득을 선택하게 되는 상황에서 오히려 문제점이 발생하지

않는다는 것을 나타낸다고 덧붙였다.[6]

지금까지 구조현실주의와 자유제도주의, 그리고 상대 이득과 절대 이득 사이에 어떤 차이가 있는지 알아보았는데, 여기서 두만강 지역에서 발생하는 문제점들을 좀 더 잘 이해하고자 구조현실주의와 상업적 현실주의를 확실히 구분하고자 한다. 구조현실주의와 상업적 현실주의는 몇 가지 관점에서 공통점이 있다. 예를 들어, 국가를 세계정치학에서 가장 중요한 행동주체로 간주한다는 점, 국가의 파워를 최대화하기 위해 국가의 리더들은 합리적인 판단을 하여 행동한다는 점, 그리고 국가는 상대적으로 국가 안보력을 더 높이기 위해 다른 국가와 경쟁한다는 점 등이다. 하지만, 구조현실주의와 다르게 상업적 현실주의는 국가의 안보를 위협하는 요소는 단지 군사적 측면이 아니라 경제적 측면도 있다고 주장한다. 즉, 강력한 기술 경제를 갖춘 국가는 다른 기술 경제 국가를 견제하며 균형을 잡을 수 있고 균형을 맞추어야 할 때 군정은 기술 경제를 통한 이득을 안보 비용으로 충당할 수 있으며, 모든 회사는 제품을 다른 나라에서 생산하더라도 본국적을 중요시해야 한다는 점이다.[7]

구조현실주의와 다르게 상업적 현실주의는 기본적으로 다음의 세 가지 관점을 고수한다. 1) "20세기에는 무력을 수단으로 하는 것이 별 효과가 없어졌다." 2) "국가 경제력이 있어야만 국가의 독립성과 자주권을 수호할 수 있다." 3) "국가 경제력을 강화하려면 최신 기술 분야로 나아가기 위한 산업 및 무역 정책을 구상해야만 한다."[8]

---

6) Duncan Snidal, "International Cooperation among Relative Gains Maximizers," *International Studies Quarterly*, Vol. 35, No. 4 (Dec.1991), p.387 and pp.401-402.

7) Eric Heginbotham and Richard J. Samuels, "Mercantile Realism and Japanese Foreign Policy," *International Security*, Vol. 22, No.4 (Spring 1998), p.191.

8) 위의 10번에서 언급한 것과 같은 책 p.190. 원래는 Sean M. Lynn-Jones and Steven E. Miller, eds.에서 인용함. *The Cold War and After: Prospects for Peace*(Cambridge, MA: MIT Press, 1994); David. Baldwin, *Economic Statecraft*(Princeton, NJ: Princeton University Press, 1985); Stephen Krasner, *Defending the National Interest: Raw Materials Investment and U.S. Foreign Policy*(Princeton, NJ: Princeton University

즉, 구조현실주의가 군사적 측면에 관심도가 높다면 상업적 현실주의는 경제적으로 부강해지거나 힘의 균형을 유지해야 한다고 주장한다. 예를 들어, 경제적으로 부강한 한 국가가 경제 독식국으로 행동할 경우, 경제적 취약국들은 이 경제 강국에 대해 협력하여 경제적 힘의 균형을 맞추게 된다는 것이다. 반대로 기술적으로 취약한 나라는 경제적으로 살아남기 위해 경제적으로 지배력을 가진 파트너 국가와 경제적으로 통합할 수밖에 없다고 주장한다.

III. UNDP가 제안한 TRADP부터 중국의 '창지투' 계획까지

지금까지 중국이 '창지투' 개발·개방 선도구 지역(CJT) 건설을 진행함과 동시에, CJT는 두만강 지역 경제개발계획의 핵심이 되었다. 또한, CJT는 중국 정부가 국가 경제개발 네 번째 단계로 구상했던 '진흥동북' 계획을 실현하기 위해 2009년 중국 국무원(State of Council)이 승인한 중국 두만강 지역 합작개발계획요강(中国图们江区域合作开发规划纲要)의 첫 번째 단계이자 이 계획의 가장 중요한 부분이다. 하지만, 원래 두만강 지역 개발계획은 1990년대 초, UNDP가 제안한 계획으로 "두만강 지역 개발계획(TRADP)"이라고 칭했다가 2005년에 이 계획의 범위를 더욱 확장하여 "광역 두만강 계획(GTI)"으로 변경하였다.

한편, 이러한 계획들은 모두 잠재적인 경제적 성과와 가능성 있는 시장을 기대할 수 있기 때문에 이웃하는 국가들 역시 모두 이러한 지역 경제개

Press, 1978), Paul Krugman, ed., *Strategic Trade Policy and the New International Economics*(Cambridge, MA: MIT Press, 1990).

발 프로젝트에 관심을 기울이게 되었다. 하지만, 두만강 지역 경제개발계획은 진행하기가 매우 복잡했을 뿐만 아니라 지역 참여국들의 다양한 이해관계도 고려해야 했으며 미국과 기타 유럽 국가들의 입김까지 작용하면서 처리해야 할 일들이 너무나 많았다. 이와 관련하여 본 섹션에서는 두만강 지역을 둘러싼 국제경제협력 및 개발이 현재 어느 정도나 진행되었는지와 역사적인 배경은 어떠한지를 간략하게 소개하고자 한다.

1. 1991년 TRADP로 출발하여 GTI로 변경하기까지

1990년 7월, 중국 창춘에서 열린 "제1차 동북아시아 경제 및 기술 개발에 관한 국제 컨퍼런스(First International Conference on Economic and Technological Development in Northeast Asia)"를 통해 처음으로 두만강 지역 개발계획을 제안하고 공개적으로 토론한 바 있다. 그 후 1991년 3월, UNDP가 제안했던 네 가지 주요 동북아시아 협력 프로그램 가운데 TRADP를 채택하였던 것이다.[9] 1991년 10월 15일부터 21일까지 UNDP는 평양에서 각국 정부 간 원조 조정(Government Aid Coordinators, 이하 GAC) 회의를 개최하였는데, 여기에는 중국, 몽골, 한국, 북한, 그리고 러시아(참관인 자격)와 일본(참관인 자격)이 참석하여 두만강 경제개발계획을 위한 국제협력을 논의하였으며 실무급 회담을 개최하는 데 동의하였다. 그리하여 1991년 10월 24일, UNDP는 TRADP를 제안하게 되었고, UNDP의 "두만강 지역 개발: 수행 과제 보고서(Tumen River Area Development: Mission Report)"[10]를 바

---

9) 민족통일연구원, 『라진 선봉 지대 개발 계획과 남북한 경제 관계 전망』(민족통일연구원, 1996), p. 57.

10) 이 보고서는 M. Miller, A. Holm과 T. Kelleher가 1991년 8월 두만강 지역 주변 지형 연구를 한 달에 걸쳐 실시한 후 작성한 것임. 그 후 1991년 10월 북한의 평양에서 열린 GAC회의에서 발표되었음.

탕으로 TRADP를 3단계의 개발 프로그램으로 구성하였다.

1단계에서, TRADP를 통해 약 1천 평방킬로미터의 삼각주 지역 및 이 지역과 연결되는 중국의 훈춘(Hunchun), 러시아의 포시엣(Posyet), 북한의 라진 지역을 함께 개발하는 목표(두만강 경제 구역, Tumen River Economic Zone 이하 TREZ)를 세우고, 2단계에서 약 1만 평방킬로미터의 삼각주 지역(두만강 경제개발 지역, Tumen River Economic Development Area 이하 TREDA)으로 해당 개발 범위를 확장하여 해당 지역과 연결되는 중국의 옌지(Yanji), 러시아의 블라디보스토크, 북한의 청진 지역까지 포함하였다. 마지막 3단계에서 동북아시아 지역 개발지구(Northeast Asia Regional Development Area, 이하 NEARDA)에 한반도, 몽골, 중국 북동부의 3개 자치구, 러시아 극동 지역과 관련 내륙 지역까지 포함하였다.

UNDP의 지원으로 1993년 중국, 러시아, 북한의 땅을 임대하여 특별연합경제지구를 건설하겠다는 목표를 세우고 TRADP를 공식적으로 진행하기 시작했다. 그 후 1995년 12월 6일 미국의 뉴욕에서 제6회 프로그램 관리위원회(Program Management Committee, 이하 PMC)를 개최하면서 TRADP의 지형적 경계를 "조선민주주의인민공화국의 청진에서 출발하여 중화인민공화국의 옌지를 거쳐 러시아 연합의 나홋카(Nakhodka)까지 선으로 그어 만든 범위"로 정하였다. 또한, 제6회 PMC를 통해 TREDA의 범위를 적용하는데 동의하고 "TREDA에는 특히 조선민주주의인민공화국의 라진-선봉 경제무역자유지구와 옌지와 훈춘 특별경제지구를 포함하는 중화인민공화국의 연변조선족자치구(延边朝鲜族自治州), 그리고 러시아 연합 소속의 블라디보스토크, 보스토치니(Vostochny)를 포함한 나홋카 자유경제 구역(The Free Economic Zone of Nakhodka), Primorshy Krai 타운과 기타 항구도시를 모두 포함하는 것으로 한다"라고 정했다.[11]

---

11) 광역 두만강 계획안인 "Agreement on the Establishment of the Tumen River Area Development Coordination Committee"(http://www.tumenprogramme.org/news. php?id=320)와 "Agreement on the Establishment of the Consultative Commission for

더 나아가 제6회 PMC 회의에서는 TRADP에 대한 5개 "계약 당사국" 즉, 중국, 러시아, 한국, 북한과 몽골 정부가 모두 동북아시아와 두만강 경제개발 지역과 관련하여 협력을 도모하고 더욱 공조를 강화하는 데 동의하고 5개국이 함께 모여 "두만강 경제개발 지역과 동북아시아 개발자문위원회(Consultative Commission for the Development of the Tumen River Economic Development Area and Northeast Asia, 축약하여 Consultative Commission)"를 설립하자는 데 공식적으로 서명하였다. 또한, 두만강 경계에 접해 있는 중국, 러시아, 북한이 모여 "두만강 지역 개발조정위원회(Tumen River Area Development Coordination Committee, 축약하여 Coordination Committee)"를 설립하는 데도 서명하였다. 1995년 동의 절차 이후, TRADP의 조직적 외형은 정부 간 합동 형태로 된 두 개 조직 즉, 자문위원회와 조정위원회로 발전하

〈그림 1〉 TRADP의 조직도

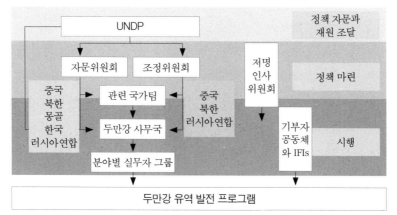

* 출처: 광역 두만강 계획안, "두만강 프로그램 조직도(The Institutional Framework of Tumen Program)" (http://www.tumenprogramme.org/news.php?id=318)
** 2009년 11월 북한 탈퇴

----

the Development of the Tumen River Economic Development Area and Northeast Asia"(http://www.tumenprogramme.org/news.php?id=319)를 참조할 것.

였고, 두만강 사무국(Tumen Secretariat), 관련 국가팀(National Teams)과 분야별 실무자그룹(Sector Working Groups) 등을 별도로 마련하였다. 그 후 2001년 4월에 열렸던 제5회 자문위원회 회의를 통해 추가로 특별 전문가위원회를 새로 마련하기도 했다(〈그림 1〉 참조).

초기에 이 지역은 내장된 천연자원이 풍부하고 기술력이 뛰어난 데 반해 인건비가 저렴하다는 점, 이 지역이 유럽-아시아 대륙 간 육로 운송기관의 아시아 종착역으로 발전시킬 수 있는 전략적 위치라는 점, 대륙 간 운송과 교역이 용이한 점, 그리고 유럽에서 극동 지역을 잇는 에너지 수송로 역할을 한다는 점 등으로 관련 국가들은 TRADP에 큰 관심과 긍정적 태도를 보였으며, 결과적으로 외부 투자자들을 끌어모을 수 있다고 보았다. 하지만, 당사국 정부 간 계획의 실직적인 진행 상황은 지지부진하였으며 때때로 교착상태에 이르기도 했다. TRADP의 목표는 동북아시아의 국제적 협력과 개발 메커니즘의 구현이었지만, 개발에 참여한 국가 간 이해관계에 차이가 있어 실무자 간 마찰이 생기기도 하였다. 실례로, 1992년 8월 25일 블라디보스토크에서 열린 TRADP 국제회의에서 중국 대표단은 자국이 일본과 태평양 진출 경로로 두만강을 활용하는 것에 대해 소련 정부가 동의하도록 요구하였다. 또한, 중국은 북한 쪽의 두만강 지역에 항구도시를 건설하는 것에 대해 이미 북한과 논의 중이라고 공표하였다. 이에 소련은 중국이 TRADP를 일방적으로 이끄는 방식이라면, 소련은 두만강을 개발할 이유가 전혀 없다며 즉각 반대의견을 내비쳤다. 또한, 1995년 5월 30일부터 6월 2일까지 베이징에서 열린 다섯 번째 PMC 회의에서 각 참여 국가들은 TRADP 국제기관 설립에 관한 자문위원회와 조정위원회 간의 권력분배에 대해 서로 다른 견해를 보였다.

게다가 북한의 비협조적이고 예측불허의 행동은 개발계획이 지지부진하게 된 또 다른 이유였다. 특히 1993년 북핵 위기는 두만강 지역 개발계획에 심각한 차질을 불러왔다. 북한은 실무자 회의에 불참했고 그러한 이유로 한동안 중국과 소련이 TRADP를 이끌었다. 북한은 또한 김일성이 사망하자 1994년 7월 11부터 15일까지 모스크바에서 열린 네 번째 PMC 회의에도 불참하였다. 더불어 1996년 9월, 북한 잠수함이 한국의 동해로 침입하면서 한국과 북한 간의 관계가 급격히 악화하였다. 이런 여러 가지 문제들로 TRADP 참여 당사국 간의 중요한 몇몇 사항들에 대한 협의가 이루어지지 않았으며 북한은 1997년, 1998년과 1999년에 열린 다자간 회의에도 참석하지 않았다.[12]

1997년에서 1999년의 동아시아 금융위기 이후 두만강 지역 개발계획은 더 이상의 진척이 없었다. TRADP는 1990년대 중반부터 이미 교착 상태였다. 자국의 이익만을 주장하는 이해 당사국 간의 마찰 이외에도 UNDP에서는 1) 외부와의 소통과 산업 경쟁력 부족, 2) 개발 지역과 내륙 지역과의 연계성 부족, 3) 지역경제 생산품의 제한적인 양과 기관의 혁신 부족 등의 심각한 문제점이 TRADP에 존재한다고 내부적으로 분석하고 있었다.

2005년 9월 중국 창춘에서 여덟 번째로 열린 자문위원회 회의에 참여한 관련 5개국은 두만강 지역 개발계획을 교착상태에서 벗어나게 하고, 취약점을 보완하기 위해 몇 가지 중요한 합의에 도달했다. 첫 번째로 1995년 합의했던 동의안에 대해 10년 더 연장하기로 하였고, 두 번째로 재정 및 인적 자원 투자를 늘리기로 하는 "창춘 협정(Changchun Agreements)"을 채택하는 데 동의하였고, 세 번째로 광역 두만강 지역의 범위를 중국의 동북 3성(랴오닝성, 지린성, 헤이룽장성)과 내몽골, 소련의 프리모스키 지역, 한국의 동해에 있는 항구 도시들, 북한의 라진선봉경제특구, 몽골의 동부 지방까지 늘리는 것에 동의하였다(〈그림 2〉 참조). 마지막으로, 운송, 에너지, 관광업 및 투자와 같은 광역 두만강 개발계획(GTI) 활동에 필요한 4개의 우선사항이 관련된 전략적 실행 계획 2006-2015("Strategic Action Plan 2006-2015, focusing GTI activities on four priority sectors: transport, energy, tourism, and

---

12) 이성우, "두만강 개발과 동아시아 다자협력의 전망," 『JPI 정책 포럼』, No. 2010-20 (2010년 7월), p.7, p.9, 그리고 p.11.

〈그림 2〉 광역 두만강 지역의 최근 지도 (2010년 11월)

GTI 웹사이트에서 발췌 (http://www.tumenprogramme.org/index.php?id=1)

investment with environment as a cross-cutting theme.")에 동의하였다.[13]

참여 당사국과 UNDP는 2005년 합의를 통해 광역 두만강 개발계획(GTI)에 박차를 가하려 했지만 2009년 중국이 중국의 동북 지역인 "창지투" 개발·개방 선도구 사업(CJT)을 활발히 착수하기 전까지 이 지역의 다자간 경제협력은 별다른 진전이 없었다. 게다가 2009년 11월 북한은 공식적으로 GTI 탈퇴 선언을 했다.

---

13) 국제연합개발계획 연계 두만 사무국, "광역두만강계획 배경 요약"(http://www.undp.org.cn/downloads/gti/background.pdf). 광역두만강계획, "두만강 지역개발계획에 관한 배경 정보"(http://www.tumenprogramme.org/index.php?id=128). 광역두만강계획, "2005 8번째 GTI 협의위원회 회의"(http://tumenprogramme.org/news.php?id=7).

2. 중국의 '진흥동북(振兴东北)' 계획과 '창지투' 개발 · 개방 선도구 사업

UNDP가 진행하는 GTI가 실질적 주요 진전이 없는 상황에서, 중국의 동북부 경제 부흥정책과 맞물려 두만강 지역의 경제개발이 활기를 띠기 시작했다. 2003년 10월 중국 정부는 "동북부 지역 산업기반 활성화 계획"을 발표하였는데, 이 계획은 1) 개발을 과학적으로 조망하고, 2) 중국 동북부 지역의 경제 활성화를 가속화하고, 3) 지역의 공동 경제에 대해 홍보하기 위해 구상되었다. 중국의 동북부 지역은 1980년대 이전까지 중국에서 가장 산업화되고 개발된 지역으로 중화학 공업과 많은 수의 국영기업이 상주하는 곳으로 상징되었다. 그러나 실상 이 지역 산업체들은 굉장히 비효율적이었고, 덩샤오핑의 개혁 개방 정책 이후 1990년대부터는 중국의 저개발 지역 중 하나가 되었다.

중국 정부의 경제활성화 계획은 중국공산당 중앙위원회와 중국 동북부 지역 및 기타 지역의 노후한 산업 기반 활성화 전략을 위한 시행 지침서(Guidelines of the CPC Central Committee and the State Council on Implementing the Strategy of Revitalizing Northeast China and Other Old Industrial Bases)와 제11차 국가 경제와 사회적 개발을 위한 5개년계획(2006~2010)을 위한 개요[Outline of the 11th Five-year Plan for National Economic and Social Development(2006-2010)]에 따라 만들어졌다. '진흥동북' 계획에 포함되는 곳은 중국의 동북 3성 지역(랴오닝성, 지린성, 헤이룽장성)과 내몽골 자치구 동쪽의 5개의 도시[후룬베이얼시(Hulunbeier City), 치앙간멍(Xinggan League), 퉁랴오시(Tongliao City), 츠펑시(Chifeng City), 시린궈러멍(Xilinguole League)]이다. 이 장기 계획을 실현하기 위해 중국 정부는 1) 중국의 동북부 지역을 중요한 공학 특성의 경제지구로 바꾸고, 2) 상대적으로 완전한 기관과 시스템, 3) 합리적인 산업 구조, 4) 지역적 균형 발전, 5) 자원을 기반으로 한 탄탄한 개발 도시, 6) 10~15년의 노력을 통해 조화로운 사회적 환경을 구축하는 것을 첫 번째 목표로 삼았다. 그 다음 지역 활성화 계획은 결과적으로 이 지역을 1) 국제 경쟁 제조업 기반, 2) 새로운 원료와 에너지 기본 공급처, 3) 곡물 상품과 축산물, 4) 기술 개발과 혁신에 기반을 두고 5) 국가 전략으로 생태학적 안전 지역을 구축하는 방향으로 진행될 것이다.[14]

2009년 8월 30일 중앙 정부에서 "중국 두만강 지역의 협력과 개발 입안의 개략적 계획(Outline of the Plan for the Cooperation and Development Planning of China Tumen River Area, 이하 "Outline Plan")"을 공식적으로 승인하였다. "Outline Plan"은 다음과 같은 4개의 주요 부분으로 구분되어 있다. 1) CJT 건설 계획, 2) 중국의 타 지역과 CJT의 개발에 대한 계획, 3) 두만강 지역의 국제협력과 개발에 CJT 지역 참여 계획, 4) 신속한 CJT 개발을 위한 정책 측정.[15] "Outline Plan"은 창춘시(長春市), 지린시(吉林市), 두만강 일부를 포함하는 창지투 지역을[16] 중국의 동북부 개발·개방 선도구 지역으로 설정하였다. 또한, 창지투 지역은 연변조선족자치주(延邊朝鮮族自治州)를 포함하고 있다(〈그림 3〉 참조). CJT는 'Outline Plan'뿐만 아니라 '진흥동북'의 핵심 지역이다. 지린 지방 정부에 따르면, 약 3만 평방킬로미터 정도 넓이의 창지투에 약 770만 명의 인구가 거주하고 있다고 한다(지린 지방 총면적의 1/3 정도 되는 인구다).[17]

---

14) Greater Tumen Initiative, "Plan of Revitalizing Northeast China(part 1)"(http://www.tumenprogramme.org/news.php?id=714).

15) Wu Hao, the Plenary Session 2 of 2010 annual conference of the Northeast Asia Professors Association(NAPA)에서 발표된 "Plan for Chang-Ji-Tu Pilot Zone and Its Interaction with Greater Tumen River Area Cooperation and Development," p.1 (http://www.napa21.org/index.php?m_name=board&sub_name=view&b_id=28&page=1&ct_id=183&b_skin_name=ksh_blue).

16) 지린 지방 정부, "长吉图区域简介" 지린 지방 정부(吉林省政府网) 공식 홈페이지 (The Introduction of the *Chang-Ji-Tu* area)(http://www.jl.gov.cn/zt/cjtkfkfxdq/tpbd/200912/t20091203_662024.html). 지린 정부가 언급한 "part of Changchun"은 창춘시의 관할 구역에 있는 창춘도시 지역, 더후이시, 지오우타이시, 그리고 농안 현(德惠市,九台市和农安县)을 말한다.

17) 지린 지방 정부, "长吉图区域简介" 지린 지방 정부(吉林省政府网) 공식 홈페이지

〈그림 3〉 '창지투' 개발·개방 선도구 지도

Wu (2010) p.11에서 발췌

3. CJT에 대한 중국의 목표

2009년 중국 정부는 28억 6천만 위안(1달러 환율을 6.68CNY 기준으로 했을 때 약 4.3억 US$)을 CJT에 투자하기로 하였다. 중국 정부가 왜 막대한 예산을 효율이 떨어지고, 낙후되고, 지엽적인 산업 지역에 투자하는 것일까? 거기에는 3가지 이유가 있다. 첫 번째로 베이징 정부는 'Outline Plan'과 CJT를 통해 보하이만 경제지구(环渤海经济圈, 보하이만을 둘러싸고 있는 베이징, 텐진과 스지아좡 지역), 양쯔강 삼각주(长江三角洲) 그리고 주강 삼각주(珠江三角洲)에 이어 새로운 경제개발 동력 지구를 구축하는 목표를 수립하기 위함이다.

두 번째로, CJT는 중국 동북부 지역과 일본 및 태평양을 연결하는 출입

(The Introduction of the *Chang-Ji-Tu* area) (http://www.jl.gov.cn/zt/cjtkfkfxdq/tpbd/200912/t20091203_662024.html).

구 역할을 하는 특별한 의미가 있으며, 중국 국경 지대의 국제적 개방과 개발의 새로운 모델이 될 것이라고 예상하기 때문이다. 만약 CJT가 성공적으로 완료된다면 중국은 다른 국경 지역의 개발계획을 착수할 것이다. 그렇게 되면 중국은 ASEAN의 인접 국가들 및 중앙아시아와의 개선된 경제관계를 유지할 수 있으며, 중국의 지역적 안정과 주도권이 증대될 것이다.

세 번째로 중국은 CJT가 중국 동북부의 낙후된 산업기반 활성화를 통해 동부 해안 지역과 다른 미개발 지역과의 경제 격차를 좁히는 데 도움이 될 것으로 생각하고 있다. 사실 중국 사회는 급속한 경제성장으로 인해 심각한 후유증을 앓고 있다. 계층간 빈부격차와 더불어 동부 해안 지역과 서부 내륙 간 경제 격차는 매우 심각한 수준이다. 중국 정부는 자국민들의 불평을 해결하기 위해 최근 정부 정책에 균형 개발과 조화로운 사회 구현을 강조하였다. 따라서, CJT의 성공은 균형 잡힌 조화로운 경제개발계획의 상징적인 모델이 될 수 있을 것이다.

4. CJT 관련 북 · 중 관계의 주요 요소

한국전쟁 이후 북 · 중 관계는 전쟁 혈맹국으로 종종 묘사되곤 하였다. 주더(朱德) 전(前)인민해방군 총사령관은 한국전쟁 중 북한과 중국의 관계를 입술과 치아의 관계에 비유하였다. 하지만, 특히 1993년 북한 핵위기 이후부터 북한은 중국에 골칫덩어리가 된 듯 보였다. 미국이 북한 비핵화 정책을 유지하고 평양에 당근과 채찍 정책들을 펼 때, 중국 역시 북한의 핵무기 개발에 반대하는 입장을 고수하였다. 또한, 중국은 북한이 6자회담에 복귀하도록 설득하기도 했으나, 미국 정부는 결국 중국이 미국의 의도에 진심으로 협조하지 않으면 북한에 대한 미국의 제재는 별 효력이 없다는 것을 알게 되었다.

많은 전문가는 북한에 대한 중국의 최우선 정책은 북한 정권 붕괴의 보호라는 주장을 펴고 있다. 중국은 한반도의 비핵화를 원하긴 하지만, 북한 김정일 정권의 붕괴로 동북아시아의 경제 및 안보에 위협이 가해지는 것을 원하지 않는다. 다시 말해, 김정일 정권의 붕괴는 지역적 안보에 큰 문제를 불러일으킬 수 있고, 중국의 동북 3성 지역경제에 큰 타격을 줄 것이며, 중국의 안정적인 국가 경제 근대화사업에 악영향을 끼치기 때문이다. 미국의 한 학자는, 이러한 이유 때문에 중국은 사정이 좋지 않은 북한 경제를 개혁 · 개방으로 유도하고 북핵문제를 다그치면서도, 동시에 현 체제가 유지되도록 지원해주고 있다고 주장하였는데, 중국의 이러한 행동은 이중적이거나 모순된 것이 아니고 중국 자국의 이익에 대한 계산된 행동일 뿐이라고 덧붙였다.[18] 하지만, 이러한 북한에 대한 중국의 정책은 북한이 미국과 중국 사이에서 위험한 외교 저울질을 하며 다른 한쪽으로는 핵개발을 지속하게 할 가능성이 있다. 결과적으로, 다른 나라가 아무리 북한에 대한 무역과 지원을 아끼지 않는다 해도 중국만큼 북한에 영향력을 행사할 수 없는 것은 사실이라는 것이다. 하지만, 최근에는 중국도 북한의 비핵화와 관련하여서는 큰 영향력을 행사하지 못하는 것이 현실이다.

1992년 한 · 중 간 외교 정상화 이후 북 · 중 관계는 급격히 악화되었다. 어색한 쌍방 관계는 1999년 김정일 측근인 김영남의 중국 방문에 이어 2000년 5월 29~31일 김정일의 중국 방문과 함께 바뀌기 시작했다. 이후 2000년대 중반부터 중국과 북한의 무역량이 눈에 띄게 늘어났다. 북한은 2003년에서 2009년 동안 중국과의 무역에서 50억 달러 적자를 기록하였지만, 쌍방 무역량은 2003년 10억 달러에서 2009년 27억 달러로 규모가 늘었다.[19] 게다가 중국 정부의 공식적인 CJT 착수 발표 이후 쌍방의 경제협력은

---

18) Gregory J. Moore, "How North Korea Threats China's Interests: Understanding Chinese 'duplicity' on the North Korean nuclear issue," *International Relations of the Asia-Pacific*, Volume 8 (2008), p. 2.

19) 임수호 · 최명해, "북중 경제 밀착의 배경과 시사점," Issue Paper, 삼성경제연구소 (Samsung Economic Research Institute, SERI, 2010), pp. 1-2, 특히 p. 2의 〈표 1〉 참고. 원문 출처는 KOTRA와 한국 통일부 데이터.

중국의 CJT와 북한의 라진선봉 지대를 연결하는 양국 간 경제협력과 함께 발전하였다. 특히 2009년 10월 중국 원자바오 총리의 평양 방문으로 양국의 경제협력이 더욱 깊이 논의되었으며, 가시적 추가 조치로 이어졌다. 중국은 2천만 US$의 보조금을 북한에 지원하고, 압록강에 새로운 다리를 건설하기로 합의하였다. 김정일은 2010년 5월과 8월에 중국을 각각 2번 방문하였는데, 특히 8월 방문에서, 우연인지는 모르겠으나, 김정일은 CJT의 핵심 도시를 방문하였다.

사실 북한과 중국의 경제협력은 서로가 원-원 할 수 있는 정책이다. 중국의 입장에서는 첫 번째로 북한 라진항구의 1번 부두를 장기간 임대하기로 북한과 계약을 체결하여, CJT의 일본과 태평양으로 진출 가능한 바닷길을 보유하게 되었다. 두 번째로 경제협력을 통해 북한에 대한 중국의 영향력을 증대시킴과 동시에 북한 정권의 붕괴를 방지하는 수단으로 활용할 수 있다. 세 번째로 중국이 북한을 국제경제협력 무대로 끌어들임으로써 다른 나라들이 중국의 리더십을 재평가할 가능성을 마련하였으며, 결과적으로 중국은 지역 안정과 경제 이익을 더욱 개선할 수 있게 된다.

북한 역시 중국과의 경제협력으로 이익을 얻을 수 있다. 첫 번째로 한국과 미국이 북한에 대한 강경 정책으로 압박해오는 가운데 중국과의 혈맹관계를 회복 할 수 있는 기회가 되었다. 두 번째로 김정일은 양국 경제협력협상 중 중국 정부로부터 후계자 김정은의 지위를 인정받을 수 있었다. 세 번째로 북한은 중국과의 경제협력을 통해 심각한 내부 경제난을 극복할 수 있는 돌파구를 찾았다.

마지막으로 중국의 통단경제벨트나 랴오닝해안경제벨트와 같은 중국과 북한 국경의 지역적 경제개발계획은 미래에 양국 간의 경제협력을 증대시킬 것이며, 중국과 북한 국경 지대의 운송기관 인프라 구축은 양국 간 교역을 더욱 용이하게 할 것이다. 예를 들어 통단경제벨트에 있는 통단 철도(지린 지방의 통화에서 랴오닝 지방의 단동을 잇는)가 곧 건설될 예정이며, 북한에서 수입한 철광석을 운반할 난핑-허룽 철도는 최근 건설을 시작하

〈그림 4〉'창지투' 개발·개방 선도구 주변의 주요 운수기관과 러시아와 북한의 항구 지도

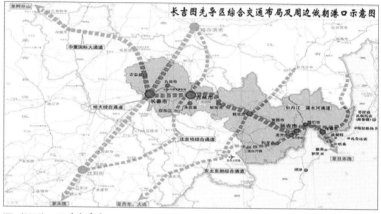

Wu (2010) p.12에서 발췌

였다.[20] (〈그림 4〉 참조)

한편, 북한의 경제가 근래에 중국에 크게 의존하고 있는 점에 주목해야 한다. 최근 중국은 북한의 국제교역량(남북 경제협력과 교역 제외)의 70%를 넘게 차지해 왔다. 2003년에는 42.3%였던 것이 2005년에는 52.6%가 되었고, 마지막으로 2009년 78.5%까지 증가했다.[21] 중국 이전에는 1990년에 구소련이 50%를 넘었었다(과거 구소련과의 교역량: 1980년에 26.3%, 1985년에 39.9%, 1990년에 53.1%).[22] 게다가 중국의 북한에 대한 연간 직접 투자는 2003년 11억 달러였으나, 2008년에는 41억 달러로 약 40배 가까이 증가하였다. 북한의 외국인직접투자(FDI)에 중국이 자치하는 비중은 2003년 0.7%에서 2008년 94.1%로 매우 주목할 증가를 보였다.[23] 끝으로 많은 북중

---

20) 『국민일보』, 2009년 10월 27일자, 그리고 『서울신문』, 2009년 10월 28일자.

21) KOTRA(Korean Trade-Investment Promotion Agency), 『2009 북한의 대외무역동향』(서울: KOTRA. 2010), p. 10.

22) 임수호·최명해, "북중 경제 밀착의 배경과 시사점," Issue Paper, 삼성경제연구소 (Samsung Economic Research Institute, SERI, 2010), p. 5.

23) Ibid., pp. 8-9.

경제관련 한국 전문가들은 [조명철 외 (2005), 임수호(2008), 양문수(2010), 임수호와 최명해(2010) 등] 북한사회에서 돌고 있는 대부분의 원자재, 산업 장비, 물품과 식품들은 불법 및 합법적 교역을 통해 중국에서 들어온 것들 이라고 주장했다. 북한은 엄격한 정부 규제와 2009년 12월 화폐개혁을 통 해 내부 시장경제와 중국과의 불법 교역을 통제하기 위해 노력하였다. 하 지만, 2009년 화폐개혁 실패로 물가 폭등과 북한 화폐의 가치 하락은 북한 정부의 노력을 수포로 돌아가게 했고 북한 경제는 여전히 중국의 지배에 서 벗어나지 못하고 있음을 여실히 보여주는 대목이다.

　결과적으로 냉담한 남북관계와 중국의 북한 정권에 대한 적극적인 지원 으로 중국에 대한 북한 경제의 의존도는 당분간 높아질 것이다. 또한, 중 국은 자국 중소기업들의 북한 진출을 권장하고 있으며, 이들 중소기업들 은 저렴한 원료값과 노동 임금 때문에 북한 진출을 긍정적으로 생각하는 것으로 보인다.[24] 이러한 이유로, 중국의 북한 시장 점유율은 당분간 높게 유지될 것이다.

IV. 두만강 지역 다자간 경제협력개발계획 참여국 간의 이해관계

　오늘날 동북아시아 지역 국가들과 미국은 모두 UNDP의 GTI, 중국의 CJT와 직 · 간접적으로 영향을 받는다. 이 국가들은 국제적인 경제협력 프 로젝트를 함께 함으로써 무엇을 얻게 되고 또 무엇을 잃게 될지를 놓고 신

---

24) Jae Cheol Kim, "The Political Economy of Chinese Investment in North Korea: A Preliminary Assessment," *Asian Survey*, Vol. 46, Issue 6(2006), pp. 898-916.

중하게 따져보고 있다. 처음엔 관련 국가들 대부분이 자국의 이익을 위해 두 프로젝트를 무척 반겼으나 현재 일부 국가들의 경우는 프로젝트를 함으로써 자국이 감수해야 할 손실을 고려해 참여를 망설이고 있다. 따라서 동북아시아 지역 국가들이 이 개발계획을 어떻게 진행할 것인지를 예측하기 위해서는 먼저 두만강 개발계획과 경제협력이 각 국가에 미칠 긍정적인 영향과 부정적인 영향을 살펴볼 필요가 있다. 앞 장에서 이 계획에 대해 중국과 북한이 어떤 관심을 보이고 있는지는 이미 살펴보았다. 그러므로 지금부터는 러시아, 몽골, 일본, 미국, 그리고 한국이 이 개발계획에 대해 어떤 관심을 보이고 있는지를 알아보고자 한다.

1. 러시아

러시아가 TRADP에 참여하는 이유는 두 가지 목적 때문이다. 러시아는 이 개발계획을 통해 극동 러시아 지역의 경제발전을 꾀하고 북한의 라진항을 사용할 수 있는 권한을 얻으려는 것이다. 다시 말하자면, 첫째 러시아 정부는 TRADP를 통해 시베리아와 사할린에서 나는 석유, 철광석, 목재, 천연가스를 동북아시아 이웃나라에 수출함으로써 가능성 있는 시장을 확보할 것을 전망하고 있다. 또한, 이러한 국제무역을 통해 극동 러시아 지역의 경제를 촉진할 수 있을 것으로 내다보고 있다. 실제로 러시아 정부는 이미 1991년 1월에 이곳 극동 지역에 "광역 블라디보스토크 자유경제지구(Greater Vladivostok Free Economic Zone)"를 조성했다.

둘째, 러시아는 라진항에 대한 사용권을 보장받기를 원한다. 무역을 위해 편리하게 사용할 수 있는 부동항(ice-free ports)을 얻는 것은 러시아가 오랫동안 품어온 바람이다. 실제로 1970년대에 소련은 라진항 건설에 자금을 투자했고 베트남에 전쟁 물자를 수송하기 위해 라진항 사용권을 가지기도 했었다. 러시아는 라진항의 제3부두에 대해 50년간의 사용권을 이

미 얻어 놓았다고 한다.[25]

그러나 러시아가 라진항 사용권을 확보하려는 진짜 속셈은 단순히 무역 때문만이 아니라 두만강 지역에서의 중국의 세력을 견제하려는 목적에서다. 러시아는 이미 독자적인 극동러시아 지역 개발계획을 가지고 있었던 데다 이 지역은 유럽과 아시아를 이어주며 블라디보스토크까지 연결되는 시베리아 운송철도[The Trans Sinerian Railaway(TSR)]가 있어 더없이 훌륭한 운송 시스템까지 이미 갖추고 있는 셈이다. 또 블라디보스토크에서 시작하는 국도는 중국의 훈춘시(市)까지 뻗어 있다. 수상 교통도 블라디보스토크에서 자루비노(Zarubino), 나홋카(Nakhodka), 포시엣(Posyet)항까지 연결되어 있을 만큼 잘 정비되어 있다. 그러나 냉전 시대가 끝난 후 러시아는 극동 아시아 지역 개발에 관심을 가지기엔 경제사정이 너무 어려운 형편이었다. 이후 1991년 UNDP가 TRADP를 제안했을 때만 해도 러시아는 이 개발계획에 참여하는 것에 대해 긍정적으로 검토했었다. 그러나 러시아 정부는 중국이 두만강 개발 계획에 주도권을 가지려하는 사실이 못마땅했다. 그 때문에 TRADP에 대해선 중국이나 북한 정부에 비해 별로 적극적인 태도를 보이지 않고 반면 중국의 세력을 견제하기 위한 목적으로 장기적인 라진항 사용권을 확보하는 쪽으로 목표를 가졌었다.

2. 몽골

몽골 정부는 두만강 지역에 다자간 경제협력 프로젝트를 환영해왔다. 특히 GTI는 그 범위가 동몽골(Eastern Mongolia)을 포함하고 있다. 다른 참여국들과 마찬가지로 몽골 역시 GTI나 CJT를 통해 동몽골 국경 지대에 경

---

25) 이성우, "두만강 개발과 동아시아 다자협력의 전망," 『JPI 정책포럼』, No. 2010-20(2010년 7월), p.15.

제발전을 도모할 절호의 기회를 얻으려고 한다. 특히 몽골 정부가 주장하는 것은 유럽과 아시아를 잇는 대륙 횡단 철도와 육로가 건설될 경우, 동몽골이 동북아시아 지역으로 들어가는데 기착지가 되기에 알맞은 장소라는 것이다. 따라서 몽골 정부는 두만강에서 시작해 동몽골을 거쳐 유럽으로 향하는 중국과 몽골의 국경을 가로지르는 고속도로와 철도를 개방할 계획을 세우고 있다. 이렇게 될 경우, 몽골은 두만강에서 태평양까지 나아가는 운송 항로를 보유하게 된다. 최근 중국은 러시아와 북한과 협력하여 두만강 유역 건설 프로젝트를 시작했는데 이 프로젝트로 중국과 몽골 두 나라는 모두 편익을 얻게 될 것이다.[26] 또한, 중국 정부는 자국의 동북 지역과 유럽을 연결하기 위해 중국과 몽골 국경을 가로지르는 철도 건설을 이미

〈그림 5〉 CJT와 중국-몽골 국경을 가로지르는 철도 지도

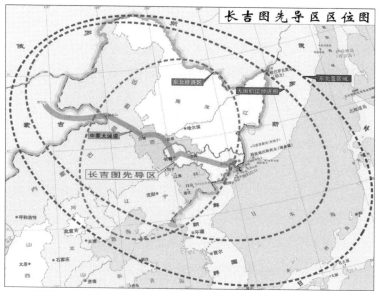

중국 人民网 (http://finance.people.com.cn/GB/10388383.html)에서 발췌

---

26) *China Daily*, 2010년 3월 23일.

착수했다(中蒙大通道).[27]((〈그림 5〉참조)

3. 일본

일본은 TRADP를 전반적으로 환영하는 분위기이고 일본 정부는 중국의
동북 지역과 일본의 북서 지역의 중심인 니가타(Nigata) 지역의 연결 계획
을 긍정적으로 검토하고 있다. 일본은 또한 중국 북동 지역이 미래에 시장
성이 높다고 평가하고 있기 때문에 두만강 지역의 경제블록과 연결함으로
써 다른 지역에 비해 뒤처진 일본 북서 지역 경제를 살릴 계획을 가지고 있
다. 나아가 일본은 이 프로젝트를 이용해 두만강 개발 다자간 경제협력에
주도권을 쟁취할 목적이 있고 "일본해 경제블록(Sea of Japan rim economic
bloc)" 건설 계획을 달성하는 데도 활용할 계획이다.[28] 일본 정부는 지금까
지 두만강 지역 개발계획을 위해 경제지원도 해왔다. 일본은 또 다자간 경
제협력 참여국이 되고자 적극적으로 움직이고 있다. 심지어 일본은 그동
안 외면해 왔던 큰 액수의 식민지 피해 보상금을 북한에 지불하여 이 돈의
일부 또는 거의 전부를 북한의 무역 지구를 건설하는 것과 라진-선봉 자유
경제구역을 건설하는 데 사용되도록 검토하고 있다.

그러나 일본이 이런 계획을 달성하려면 먼저 해결해야 할 몇 가지 중요
한 문제들이 있다. 일본의 첫 번째 딜레마는, 일본이 비록 풍부한 자본과
기술력, 경제력, 경영관리 능력을 보유하고 있다 할지라도 GTI 공식 회원
국은 아니라는 점이다. 중국의 CJT의 경우도 일본에는 마찬가지인데 문제
가 되는 것은 일본이 비회원국이어서라기보다는 세계 2차 대전 기간에 있
었던 일본과 중국 두 나라 사이의 해묵은 역사적인 관계(난징대학살 문제,

---

27) 『인민일보』, 2009년 10월 26일.
28) 이성우, "두만강 개발과 동아시아 다자간 협력의 전망," 『JPI 정책포럼』, No. 2010-20
   (2010년 7월), p.18.

일본의 역사 교과서 개정 문제, 야스쿠니신사 참배 문제, 진정성 있는 일본 정부의 사과 등)와 동지나해의 섬 댜오위다오 또는 센카쿠 열도로 불리는 영토에 대한 분쟁이 두 나라의 건전한 경제협력 관계에 심각한 걸림돌이 되고 있다. 물론 최근 중국 베이징의 지도자들은 다른 어떤 것보다 경제발전에 훨씬 무게를 두고 있는 것은 사실이다. 그러나 이 지역개발계획의 경우는 장기적인 프로젝트이기 때문에 현재는 중국 정부가 다른 어떤 정책보다 경제 발전을 최우선시한다 하더라도 이 계획이 언젠가 수정될 가능성도 배제할 수 없다는 것이 일본의 딜레마이다. 예를 들어, 2030년 경에는 중국이 세계 1위의 경제대국으로 성장한다거나, 제5세대 중국 지도부가 취임한다면 정책이 수정될 수도 있을 것이다.

일본의 두 번째 딜레마는 섬나라라는 지리적 조건이다. 일본이 대륙횡단 철도와 육로를 통해 경제적 이익을 얻어내려면 아시아 대륙 국가들과 연결할 수 있는 한-일 해저터널을 건설해야만 한다. 일단 해저터널이 완성된다면 일본은 유럽과 아시아 간에 대륙횡단 철도의 종착지가 됨으로써 엄청난 이익을 손에 쥐게 된다. 실제로 2010년 10월, 해저터널에 관심이 있는 한국과 일본 전문가들이 한국 부산에서 이 문제를 주제로 국제 세미나를 개최하기도 했다. 하지만, 한국 사회는 아직도 한-일 해저터널 프로젝트를 수행함으로써 한국이 얻게 될 득과 실이 무엇인지에 대한 논쟁을 계속하고 있다.[29] 게다가 최근 한국과 북한의 관계가 냉랭해진데다 일본과 북한의 관계마저도 경직되어 있어 해저터널을 통해 대륙횡단 철도와 육로를 연결하려는 일본의 염원은 쉽게 이루어질 것 같지는 않다.

---

29)『서울경제』, 2010년 10월 13일자;『부산일보』, 2010년 10월 13일자.

4. 미국

TRADP가 시작될 때부터 미국은 여러 차례 동북아시아에 다자간 경제 협력 프로젝트를 지원하겠다고 밝혀 왔다. 또한, 미국은 이 계획이 냉전시대 이후 이 지역에 안정적인 분위기를 가져 올 것이라고 기대하고 있었다. 1991년 북한 평양에서 열렸던 TRADP를 위한 국제회의가 열렸을 때도 미국은 대표를 옵서버로 참석시켰다. 알다시피 미국은 GTI의 참여국이 아닐 뿐만 아니라 지리적으로도 두만강에서 너무 멀리 떨어져 있다. 하지만, 동맹관계 국가들인 한국과 일본을 비롯해 나머지 참여국 가운데 어느 나라도 이 지역에서 미국이 가진 영향력을 무시할 수 없을 것이다. 또한, 미국은 직접 투자를 통해 이 지역 개발계획에 깊게 관여할 수도 있다.

미국의 지원은 표면적으로는 이 지역 경제협력을 위한 것이지만 내면을 들여다보면 이 지역에서 점차 커지는 중국의 세력을 견제하려는 목적이 담겨 있을 뿐만 아니라 북한의 움직임을 또한 예의 주시하기 위해서이다. 사실 미국으로서도 두만강 개발계획에 깊이 관여하기에는 몇 가지 딜레마가 있다. 첫 번째 미국의 딜레마는 중국의 세력이 날로 커지는 데서 비롯된다. 중국은 북한, 러시아, 몽골과 함께 두만강 다자간 경제협력계획을 주도적으로 이끌고 있는 반면 이 계획과 관련한 미국의 역할은 그저 주변부에 머물게 될 공산이 크다. 일반적으로 전문가들은 결국 중국은 두만강 다자간 경제협력을 통해 동북아시아에서 정치적 역할과 경제적 세력을 확대해 나갈 것이라고 평가한다. 또한 '진흥동북'이라는 기치하에 추진되는 중국의 CJT나 일본의 일본해 경제 블록 계획에서도 미국의 역할은 미미하거나 어쩌면 완전히 배제될지도 모른다.[30]

두 번째 미국의 딜레마는 CJT가 진행되는 과정에서 북-중 경제협력이

---

30) 이성우, "두만강 개발과 동아시아 다자간 협력의 전망," 『JPI 정책포럼』, No. 2010-20 (2010년 7월), p.18.

북한의 핵개발 저지를 위한 방안으로 시행되고 있는 미국 정부의 경제 제재조치를 사실상 무력화시킬 수도 있다는 것이다. 미국 정부는 GTI에 참여하는 것에 대해 긍정적인 입장을 보이고 있긴 하지만 미국은 북한이 우선 비핵화 후 경제협력을 하겠다는 정책을 계속 유지하는 입장이기 때문이다. 이런 정책을 고수하기 위해 미국은 일본 및 한국과의 동맹을 단단히 하고 있을 뿐만 아니라 중국과 북한의 정치적, 경제적 결속도 늘 확인하고 있다. 중국이 미국의 정책에 완전히 협조하지 않는다면 사실상 북한에 대한 제재는 효력을 상실할 것이라고 미국은 판단하고 있다. 또한, 중국의 CJT로 북한의 라진-선봉 자유경제무역지구 건설이 무난히 진행될 경우, 북한의 핵개발 저지를 위해 미국이 취할 수 있는 조치는 결국 더욱 한정될 것으로 보고 있다.

5. 한국

TRADP가 시작될 때 한국 정부는 이 계획을 긍정적으로 판단하여 참여를 결정했다. 한국은 두만강 지역 개발계획을 통해 경제적 이익을 얻으려는 목적과 함께 다자간 경제협력 계획을 통해 북한 사회가 이 지역과 세계 사회에 개방되기를 바라고 있었다. 한국의 김대중 정부와 노무현 정부는 북한을 향해 '햇볕 정책'을 유지하여 북한이 개혁과 개방 정책을 받아들임으로써 핵개발 프로그램으로 야기된 이 지역에 긴장을 줄이고 지역이 보다 안정을 되찾도록 노력했다. 실제로 한국은 TRADP를 통해 한국과 북한의 신의주와 라진-선봉을 잇는 한국 횡단철도[Trans Korea Railway(TKR)]를 완성할 계획을 가지고 있다. 이 계획이 성공하면 TKR은 GTI나 CJT가 진행됨에 따라 TSR, TCR과 TMR과 연결됨으로써 한국은 유럽까지 이어지는 육로를 획득할 수 있게 된다. 또한, TKR은 통일 한국으로 가는 과정에 초석을 놓는 역할을 하게 될 것이다. 뿐만 아니라 한국의 부산은 한-일 해저터널이 완성되기 전까지 유로-아시아 대륙횡단 철도의 종착지가 되어 많은 혜택을 누리게 될 것이고 일본과 태평양으로 향하는 대륙 횡단철도의 종착항으로서도 역할을 하게 될 것이다. 코레일(Korail, 한국철도공사)에 따르면 이 계획이 순조롭게 달성된다면 TKR은 매년 북한에 약 1억 5천만 달러, 한국에 약 1억 달러 상당의 경제적 파급효과를 가져 올 것이라고 말했다.[31]

하지만, 한국이 이런 목표를 달성하기에는 현재의 상황이 너무 불확실하다. 북한은 TRADP와 GTI를 위한 국제회의에 종종 불참하고 있다. 더구나 북한은 이런 다자간 경제협력개발을 진행하는 과정에서도 여러 번 문제를 일으켰는데, 1993년에는 핵문제 위협, 1996년엔 잠수함을 보내 한국 영토를 침범했었다. 1997년에는 대포동 장거리 미사일 발사 실험, 2002년에는 두 번째 핵 위협이 있었고, 2009년 9월에는 마침내 GTI에서 탈퇴하겠다고 통보했다. 또한, 한국의 보수 정부가 북한에 대한 정책 방향을 바꾸면서 남북한관계는 점점 얼어붙고 있는 상태이다. 더구나 2010년에 연이어 벌어진 천안함 사건과 연평도 사태 이후 남북관계는 교착상태로 들어갔다. 한국의 딜레마는 현재로선 다자간 경제협력이 실현되려면 남북관계가 먼저 회복되어야 한다는 데 있다. 그렇지 않을 경우 한국은 GTI와 CJT를 통한 육로 연결의 꿈을 이룰 수가 없을 것이고 그렇게 되면 한국의 부산이 아닌 북한의 라진-선봉이 유로-아시아 대륙 횡단 철도의 종착역이 될 것이며 일본과 태평양으로 연결되는 항으로서의 혜택도 누리게 될 것이다. 다시 말해서 부산은 지리적인 경쟁력을 잃게 되는 동안, GTI나 CJT는 다른 참가국들의 경제협력을 통해 진행되는 경우도 생길 수 있다는 점이다.

---

31) 이철, "남북 및 동북아 철도연결과 경제협력," a presented paper to 21세기 동북아 미래 포럼(2006년 3월 7일), p. 2.

V. 결론

1991년 UNDP가 TRADP를 제안했을 때 이 지역 국가들은 경제발전이라는 본래 목적을 적극적으로 환영했고, 다자간 경제협력을 통해 동북아시아에 안정을 도모할 수 있으리라고 기대했다. 하지만, 각 참가국은 국가별로 관심과 이해관계가 달랐으며, 자국의 이익보다 다른 나라가 얻게 될 상대 이익을 심각하게 받아들였다. 구조현실주의자들에 의하면 다자간 경제협력의 일반적인 방해 요소는 다른 나라가 상대적으로 더 많은 이익을 얻게 될 것이라는 데 대한 우려라고 한다. TRADP에 대한 다자간 협력이야말로 현실주의자들의 이런 견해가 들어맞는 사례라고 할 수 있다. 예를 들어, 러시아는 두만강 지역 개발계획이 중국을 중심으로 진행되는 흐름에 대해 불만을 표출했다. 또 북한은 TRADP의 범위와 관련해서 TREZ를 지지했는데, 그 이유는 평양의 북한 정부가 이 개발계획이 가능한 가장 제한적인 개방구조로 되길 원했기 때문이다. 반면, 몽골은 NEARDA를 선호했는데 그래야 개발계획의 범위가 몽골까지 확대되기 때문이다. 또 다른 예로 1995년 5월 30부터 6월 2일까지 중국 베이징에서 열렸던 제5차 PCM에서 자문위원회와 조종위원회 간의 통제력에 대한 협상이 진행될 때 참여국들은 자국의 이익을 보호하기 위해 상업적 현실주의에 맞춰 힘의 균형을 유지하려는 행동을 보였다. 이렇게 참여국들 사이에 만연하게 배어 있는 구조현실주의의 관점이나 상대 이익에 대한 경쟁적인 관점에 부딪힐 때마다 다자간 경제협력계획은 거의 정지 상태가 되고 말았다. 2005년에 TRADP가 GTI로 전환되었음에도 불구하고 UNDP가 제안한 두만강 지역 개발계획은 1990년대 중반 이후로는 이렇다 할 진행이 전혀 되고 있지 않다.

하지만 최근 중국 정부가 '진흥동북'이라는 기치를 내걸고 CJT를 착수하면서 두만강 경제개발계획에 대한 관심이 다시 살아나고 있다. 중국 중앙 정부의 원조에 힘입어 CJT는 현재 미래 발전을 위한 기초를 마련하는 데 한창이다. 특히 지린-두만 철도와 두만-훈춘 고속도로와 같이 중국 국내 도시들을 잇는 운송 시설과 함께 훈춘-라진 북-중 고속도로, 에르산-쵸이발산(Aershan-Choybalsan) 간의 중-몽 국제철도와 같이 이웃 나라의 도시들과 연결되는 운송 시스템을 건설하는 데 주력하고 있다. 현재로서는 중국 중앙 정부와 정치 지도자들의 강력한 지원이 예상되기 때문에 CJT의 진행 전망은 매우 밝은 편이다. 또한 북-중 관계도 회복된 데다 GTI에서 탈퇴한 북한이 최근 중국의 '진흥동북' 계획과 중국과의 경제협력에도 높은 관심을 보이고 있기 때문이다. 중국은 북한과의 경제협력을 통해 일본과 태평양으로 진출할 수 있는 통로가 될 북한의 라진항을 얻을 수 있게 되었다.

두만강 유역 경제협력개발계획에 또 다른 긍정적인 측면은 참여국들의 경제력이 전체적으로 증가하고 있다는 데 있다. 1992년의 참여국(북한제외) 전체 GDP는 4조 6,952억 8천만 달러로 세계 GDP의 19.6%를 차지했다. 2005년까지 이 수치는 크게 변화하진 않았지만 그래도 세계 전체 GDP의 20.81%를 차지할 만큼 증가했고, IMF에 의하면 2015년까지는 세계 GDP의 약 25%를 점유하게 될 것이라고 추정했다(〈표 1〉 참조).

동북아시아 지역의 경제개발에 대한 밝은 전망과 함께 참여국들을 포

〈표 1〉 두만강 개발계획 참여국들의 GDP

	1992년 (GDP/10억 달러)	2005년	2009년	2015년
중국	488.22	2,256.92	4,984.73	9,982.08
일본	3,781.78	4,553.19	5,068.89	6,517.48
러시아	85.59	763.70	1,231.89	2,498.98
한국	338.17	844.87	832.51	1,371.33
몽골	1.52	2.31	4.2	12.44
전체/세계 (%)	4,695.28/24,501.9 (19.16%)	8,419.99/45,514.87 (18.40%)	12,122.22/58,228.2 (20.81%)	20,382.31/81,961.9 (24.87%)

* IMF와 IBRD의 데이터 참조
** IMF와 IBRD는 데이터 부족 때문에 북한에 대한 지표를 제공하지 않음
*** 2015년 지표는 IMF가 추정한 자료임

함해서 두만강 지역은 앞으로 크고 강력한 지역시장으로 성장할 것이라는 전망이다. IMF와 IBRD의 데이터에 따르면 세계 전체 구매력 평가계산에 의한 이 지역 전체 GDP는 1992년에 19.24%이고, 이 수치는 2005년까지 크게 달라지진 않았다. 13년 동안 단지 2%만 증가했을 뿐이다. 그러나 2009년에는 23.5%로 증가해 2005년 이후 4년간 약 2% 증가했고, 더구나 IMF에 의하면 2015년까지 27.04% 증가할 것으로 추정된다(〈표 2〉 참조).

〈표 1〉과 〈표 2〉에서 나타나듯이 두만강 지역의 경제적, 정치적 환경은 과거에 비해 훨씬 좋아졌음을 알 수 있다. 그러나 지금 시점에서 GTI나 CJT의 결과를 예측하거나 평가하기엔 너무 이르다. 왜냐하면, 참여국들이 '상대 이익'에 대해 서로 경계하고 있고 또 다시 마찰을 일으킬 가능성도 있다. 이런 경우, 다자간 경제협력은 심각한 어려움에 직면하게 될 수도 있고, 또 실제로 이런 문제들은 아직도 근본적으로 해결되지 않은 상태이다.

다시 말해서 이 지역에서 참여국 간에 마찰은 언제든 일어날 수 있는데다 그렇게 되면 다자간 경제협력이 난항을 겪을 것이 분명하기 때문이다. 다자간 협력이 제대로 이루어지려면 참여국들이 다양한 국가적 이해를 서

〈표 2〉 PPP에 의한 두만강 개발계획 참여국들의 GDP

	1992(GDP/PPP)	2005년	2009년	2015년
중국	4.33	9.41	12.56	16.96
일본	9.21	6.85	5.96	5.15
러시아	4.21	3.01	3.02	2.97
한국	1.48	1.94	1.95	1.94
몽골	0.01	0.01	0.01	0.02
세계전체 점유율	19.24%	21.22%	23.5%	27.04%

* IMF와 IBRD의 데이터 참조
** IMF와 IBRD는 데이터 부족 때문에 북한에 대한 지표를 제공하지 않음
*** 2015년 지표는 IMF가 추정한 자료임

로 조율해야 하는데 이 때문에 중국이 CJT를 이끌어갈 수 있는 지도력과 국가적인 능력을 갖추고 있는지 계속 주의 깊게 관찰할 필요가 있다. CJT 는 다자간 경제협력과 두만강 개발의 성공을 이끌 수 있는 핵심 계획이다. 또한, 북-중 관계를 어떻게 이끌어 갈지도 중국으로서는 또 하나의 중요한 과제이다. 북-중 관계는 CJT를 성공으로 이끌기 위한 시금석이기 때문 이다.

　마지막으로, CJT가 제대로 진행된다면 참여국 외에도 미국과 유럽 국가 들의 직ㆍ간접적인 투자가 있을 것이다. 그런 경우를 가정하여 만약 던컨 스나이달[Duncan Snidal(1991년)]과 제임스 마셔[James S. Mosher(2003)]의 이 론적 예측이 맞는다면, 상대 이익에 대한 견제로 불거진 참여국 간에 마 찰은 다자간 경제협력에 더 많은 나라들이 참가하게 됨으로써 사라지게 될 수도 있을 것이다. 그러나 만약 중국이 CJT가 성공한 후 자국의 경제력 성장에 힘입어 동북아시아에서뿐만 아니라 가까운 중앙아시아와 아세안 (ASEAN)국경 지대에서 자국의 세력을 키운다면 신현실주의와 상업적 현실 주의 관점에서 볼 때 중국의 정치적 세력이나 지역적 영향력은 미국에 심 각한 위협으로 다가올 것이다.

| 참고문헌 |

조명철 공저.『북한경제의 대중국 의존도 심화와 한국의 대응방안』. Research Report 05-17, 대외 경제 정책 연구소(the Korea Institute for International Economic Policy, KIEP). 2005.

KOTRA(Korean Trade-Investment Promotion Agency).『2009 북한의 대외무역 동향』. 서울: KOTRA, 2010.

이 철. "남북 및 동북아 철도연결과 경제 협력." a presented paper to 21세기 동북아 미래 포럼 (2006년 3월 7일).

임수호.『계획과 시장의 공존』. 삼성경제연구소(Samsung Economic Research Institute, SERI). 2008.

임수호·최명해. "북-중 경제 밀착의 배경과 시사점." Issue Paper, 삼성경제연구소(Samsung Economic Research Institute, SERI). 2010.

민족통일연구원.『라진 선봉 지대 개발 계획과 남북한 경제 관계 전망』. 민족통일연구원, 1996.

양문수.『북한 경제의 시장화』. 서울: 한울, 2010.

이성우. "두만강 개발과 동아시아 다자간 협력의 전망."『JPI 정책포럼』, No. 2010-20/2010년 7월.

Baldwin, David. *Economic Statecraft*. Princeton, NJ: Princeton University Press, 1985.

Gilpin, Robert. *War and Change in World Politics*. Princeton, NJ: Princeton University Press, 1981.

Greater Tumen Initiative. "Agreement on the Establishment of the Consultative Commission for the Development of the Tumen River Economic Development Area and Northeast Asia" (http://www.tumenprogramme.org/news.php?id=319).

_____. "Agreement on the Establishment of the Tumen River Area Development Coordination Committee" (http://www.tumenprogramme.org/news.php?id=320).

_____. "Background Information about the Tumen River Area Development Programme" (http:///www.tumenprogramme.org/index..php?id=128).

_____. "Plan of Revitalizing Northeast China (Part 1)" (http://www.tumenprogramme.org/news.php?id=714)

_____. "The Institutional Framework of Tumen Programme" (http://www.tumenprogramme.org/news.php?id=318).

_____. "2005 8th GTI Consultative Commission Meeting" (http://www.tumenprogramme.org/news.php?id=7).

Grieco, Joseph. "Anarchy and the Limits of Cooperation: A realist critique of the newest liberal institutionalism." *International Organization* 42:485-507.

Heginbotham, Eric, and Richard J. Samuels. "Mercantile Realism and Japanese Foreign Policy." *International Security*, Vol. 22, No. 4 (Spring, 1998), pp. 171-203.

Keohane, Robert O. *After Hegemony: Cooperation and Discord in the World Political Economy*. Princeton, NJ: Princeton University Press, 1984.

Kim, Jae Cheol. "The Political Economy of Chinese Investment in North Korea: A Preliminary Assessment." *Asian Survey*, Vol. 46, Issue 6, 2006. pp. 898-916.

Krasner, Stephen. *Defending the National Interest: Raw Materials Investment and*

U.S. Foreign Policy. Princeton, NJ: Princeton University Press, 1978.

Krugman, Paul, ed. *Strategic Trade Policy and the New International Economic*. Cambridge, MA: MIT Press, 1990.

Lynn-Jones, Sean M., and Steven E. Miller, eds. *The Cold War and After: Prospects for Peace*. Cambridge, MA: MIT Press, 1994.

Moore, Gregory J. "How North Korea Treats China's Interest: Understanding Chinese 'duplicity' on the North Korean nuclear issue." *International Relations of the Asia-Pacific*, Vol. 8. 2008. pp. 1-29.

Mosher, James S. "Relative Gains Concerns When the Number of States in the International System Increases." *The Journal of Conflict Resolution*, Vol. 47, No. 5 (Oct. 2003), pp. 642-668.

Powell, Robert. "Absolute and Relative Gains in International Relations Theory." *American Political Science Review*, Vol. 85, No. 4, December 1991.

Snidal, Duncan. "International Cooperation among Relative Gains Maximizers." *International Studies Quarterly*, Vol. 35, No. 4 (December 1991), pp. 387-402.

Tumen Secretariat in Association with the United Nations Development Programme. "Background Brief Greater Tumen Initiative(GTI)" (http://www.undp.org.cn/downloads/gti/background.pdf).

Waltz, Kenneth. *Theory of International Politics*. Reading, MA: Addison-Wesley, 1979.

Wu, Hao. "Plan for Chang-Ji-Tu Pilot Zone and Its Interaction with Greater Tumen River Area Cooperation and Development." presented paper to the 2010 Annual Conference of the Northest Asia Professors Association (NAPA). (http://www.napa21.org/index.php?m_name=board&sub_name=view&b_id=28&page=1&ct_id=183&b_skin_name=ksh_blue).

제3부

동아시아 사회문화협력체 구상

- 제6장 **동아시아 문화교류와 부산의 역사적 의의** 안수현

제6장
동아시아 문화교류와
부산의 역사적 의의

안수현_국제지역통상연구원 연구위원

I. 서론

1. 지역과 도시(都市)로서의 패러다임 '부산'

한·중·일 동아시아의 문화교류와 부산의 역사적 의의라는 거대 담론을 전개함에 있어서 우선 주제와 양의 방대함에 필자의 천학비재(淺學菲才)를 새삼 실감하지 않을 수 없다. 중국과 부산의 교류는 다음 기회에 지면을 빌어 전개하기로 하고[1] 부산을 중심으로 이른바 역사성의 연장선에서 교류한 일본과의 상관관계를 통하여 생명을 가진 지역 속의 역사로서

---

1) 구한말 임오군란(1882) 이후 청과 무역협정이 맺어진 후에 부산, 인천, 원산과 서울 등 전국 곳곳에 청국인 거류지가 조성되었다.

부산을 시간과 공간의 틀에서 풀어나가고자 한다.

우선 부산과 일본의 교류를 전개함에 있어 지역과 지방, 생활권, 권역 등 모호한 용어들의 혼용을 정리할 필요가 있다. 지역과 지방을 대별하여 먼저 지역이라는 개념은 지리학 분야에서 정착되었고 일반적 어의는 구분된 토지나 그 토지가 차지한 구역을 나타내고 있다. 한편 지방과 근사한 개념으로 사용되는 경우가 있으나 지방을 일러 국내 법령이 인정하는 일부분의 토지 혹은 수도(首都)와는 대비되는 수도 이외의 토지 또는 시골의 의미까지 두고 있다. 그러므로 필자는 행정용어로서의 의미가 강한 지방(地方)보다 문화, 역사, 경제 문제에 관한 확대해석에 적합하게 설명될 수 있는 지역(地域)이라는 용어를 취하고자 한다. 이는 일본에서 종래의 계층적인 지방정책[2]의 틀을 넘어 세계적인 추세 및 동향이 직접적으로 지역사회에 영향을 미치거나 지역주민들이 스스로 국제적인 지역 간 연대를 추진하는 등 지역개념을 재인식하고 있는 점과 같은 맥락이라 할 것이다.[3]

지역은 또한 도시를 중심으로 구분지을 수 있으며 도시의 특성은 언어적 함축성에서 설명이 가능하다. 예컨대 고대 이집트 도시는 성곽 속의 시가지를 상형문자화하였고, 중국의 경우 도시는 역시 성곽으로 둘러싸인 정치공간과 물류교환의 시장이 소재한 경제공간으로서 성시(城市)로 이해되기도 하였다. 여기서 도(都)는 도읍으로서 정치와 문화의 중심, 시(市)는 시장 또는 교류의 장으로서 상업상의 경제중심을 의미하였다. 즉 도시란 정치 행정적 기능과 경제적 기능에서 출발한 공간이었다고 할 수 있다.

서구적 의미에서 도시(Urban)는 라틴어 ‘Urbanu’ 즉 원 혹은 사물의 중심이며 또 정원의 뜻이 포함된 성곽 속의 생활공간을 가리키고 있는 것으로 보아 도시에 대한 양의 동서가 서로 유사한 의미를 지니고 있다. 한편 시티(city)는 라틴어 ciritas에서 유래되었으며 도시국가의 개념에서 출발하

---

2) 정부(国)—도도부현(都道府県)—시정촌(市町村).

3) Yamanaka·tomohiko(山中知彦), 都市計画·まちづくりにおける「地域」概念に関する考察.

고 있다. 그리스의 폴리스(polis)의 개념과 가까우며[4] 문화, 언어, 행정, 조직 등 사회의 전반적인 시스템을 총체적으로 가리키는 말이다. 이에 비해 우르반(urban)은 도시라는 표출된 건축물, 도로 등의 사회기반시설 인프라적 형태를 말한다. 공간적으로 인식하는 도시는 시티라기보다 우르반(urban)과 근사하다. 도시는 조직화되고 인위적으로 조성한 공간이라는 특성을 통하여 우르반 내에서 시티의 발생과 같은 도시에 대한 두 가지 축은 비분리성과 상호보완적 공동체적인 의미를 가짐으로써 진정한 가치를 획득하게 된다.

그렇다면 지역과 도시로서의 '부산'을 시·공간적 활동주체, 구조·공간·인프라적 기반의 성격 등을 계층적이고 행정적인 의미의「지방」이 아닌 삶의 시·공간적 개념으로서「지역」에 대해 김민수는 부산의 시·공간적 구조를 근원적으로 세 개의 척추를 지닌 지형에서 유래한다고 지적했다. 즉 부산의 동서를 분할하는 금정산맥과 해안과 내륙을 구분짓는 금련산맥,[5] 낙동강 삼각주를 남서쪽에서 둘러싸고 있는 신어산맥을 들고 이들 산맥 사이로 곳곳의 부산인의 삶을 '부정형(不定型)의 다핵구조'로 파악하였다.[6] 나아가 부산사람이 생각하는 공간로서의 부산이 아니라 추상적, 관념적인 지명으로 알고 있는 현실이 오히려 부산의 정체성에 애매하고 모호한 지점에서 추상화시켰다고 보았다.

이에 대해 필자는 김민수 교수의 3개의 '척추론'의 취지는 충분히 수렴하면서도 전개의 편의상 부산을 동래를 중심으로 정주(定住)공간의 내륙문화와 해안 지역의 이동(移動)공간의 해양문화의 양대 공간 축으로 집약하여 '동서구조론'으로 접근하기로 한다.

---

4) 아리스토텔레스는 *Politica*에서 주민의 수가 한계치 이상으로 증가할 경우, 동향의식, 귀속감, 이웃에 대한 애정 등은 악화, 결핍되며, 토착적인 유대감 대신 주민 상호간의 경쟁과 국가에 의한 주민 통제시스템이 발달된다고 보았다.

5) 금련산맥은 부산의 북동쪽으로 장산, 금련산, 황령산, 봉래산으로 이어지고 있다.

6) "부산의 도시재생과 장소의 미학—바람직한 도시 정체성을 찾아서": 서울대 디자인학부.

Ⅱ. 본론

1. 시 · 공간 지역으로서 부산 역사

1) 선사시대

시대	비고
구석기시대	기원전 1만 8천 년경: 해운대구 청사포 · 중동 · 좌동 유적지
신석기시대	기원전 6천 년경: 동삼동 패총 · 범방동 패총 바닷가와 강가를 중심으로 수렵, 어로, 원시농경 생활 빗살무늬토기 문화

구석기시대 부산 지역의 유물은 현재 해운대구 청사포 · 중동 · 좌동 신시가지 등에서 당시의 도구(사냥돌, 격지, 주먹도끼, 찍개, 긁개, 원형석기) 등의 출토로 일찍이 이 지역 선주민의 흔적을 파악할 수 있다. 부산의 신석기시대의 유적으로는 영도구 동삼동 · 영선동 · 조도, 서구 암남동 · 다대동, 북구 금곡동 등의 주로 해안과 강변에서 발견되는 패총을 통하여 당시 생활상을 조명할 수 있다. 신석기인들은 저장문화를 대표하는 빗살무늬토기(櫛文土器)를 중심으로 주 경제행위는 채집과 수렵, 어로 및 원시농경 생활이 중심이었다. 나아가 부산을 비롯한 우리나라 남해안 지방의 신석기 문화는 일본의 죠몽문화에 많은 영향을 끼쳤다.

2) 청동기시대

청동기시대	비고
기원전 1천 년경	부산 지역 청동기 문화시작 내륙 구릉지 중심 농경생활. 지석묘, 석관묘 등의 무덤 무늬 없는 토기 문화

부산의 청동기시대 유적은 신석기시대의 선주민과는 달리 강변이나 해

변을 벗어나 대부분 평지 또는 내륙 구릉 지대에 확대되어 발견된다. 발달된 농경문화를 바탕으로 생산력의 증대와 정주생활을 통해 새로운 정치집단이 출현하게 되었다. 부산 전 지역에 분포되어 있으며 현재 동래구에 집중되어 있는 것이 특징이다. 부산 지역의 청동기문화는 일찍이 죠몽문화의 발생에 영향을 주었듯이 일본의 야요이(彌生)문화 발생과도 무관하지 않았다.

3) 삼한시대

삼한시대	비고
기원전 150년경	철기문화 중심의 역사시대 부산 지역은 변한 12국 중 독로국(瀆盧國)을 중심으로 발달[7] 철기시대 유적은 수영강과 온천천 주변을 중심으로 발달 철기 유물이 출토, 연산동고분, 복천동 내성 유적, 노포동 고분, 동래 패총고분

부산의 철기문화 유적은 고분(古墳)과 패총으로 대표되며, 해안과 내륙에 두루 분포되어 있다. 특히 고분 출토 철기 유물 및 부장품과 동래패총 출토의 야철지(冶鐵趾) 관련 철기 등으로 보아 철의 주요 생산지임을 알 수 있으며, 생산된 된 철은 수영강을 통해 왜(倭)·낙랑(樂浪)·대방(帶方) 등으로 수출되었다. 삼한시대의 부산 지역 수립된 최초의 정치세력은 동래구를 중심으로 변진·독로국(弁辰·瀆盧國)이 존재하여 성장한 것으로 추정된다.

4) 가야 및 삼국시대

1세기 무렵 부산 지역은 철기문화 기반의 거칠산국(居漆山國)과 장산국(萇山國) 등 부족국가가 존재했고, 전반적으로 금관가야에 복속되면서 가야

---

7) 居漆山國, 萇山國, 萊山國, 于尸山國 등.

가야 및 삼국시대	비고
42년	김해의 금관가야 건국 이후 가야에 복속 신라의 금관가야를 병합 이후 신라의 팽창으로 복속 복천동 고분군(토기, 철기, 장신구, 뼈, 연장 등 9천 점이 넘는 유물 중 다량의 철기 유물)

문화권의 영역에 편입되었다.[8] 삼한시대 이후 복천동고분에서 출토 유물
은 전통적인 철 생산과 수출을 중심으로 한 당시 해상교역의 중요한 거점
이었다. 부산은 6세기 이후 가야 세력하에 있었으나, 562년(진흥왕 23년) 신
라에 병합되면서 이전의 거칠산국이 신라의 거칠산군(居漆山郡)으로 격하
되었다.

5) 통일신라시대

통일신라시대	비고
676년	신라의 삼국 통일
757년	거칠산군을 동래군으로 개명 (경덕왕의 漢化정책)

≪신증동국여지승람≫에 의하면 동래는 옛 장산국(萇山國) 또는 내산국
(萊山國)이 있던 곳으로 신라가 진출하여 거칠산군(居漆山郡)을 설치한 후
757년(경덕왕 16)에 동래군으로 개칭하고 아래에 동평현(東平縣)과 기장현
(機張縣)을 속현으로 삼았다[9]는 기록이 보이는 등 거칠산군이 소재한 지역
을 장산국과 내산국이 별개의 정치단위임에도 불구하고 동일하게 취급한

---

8) 한편 ≪삼국사기≫〈열전〉에 의하면 탈해이사금(57~79) 재위 당시 거도(居道)의
   계략으로 우시산국(현 울산)과 거칠산국(居漆山國: 현 동래구)을 쳐서 속현으로 삼
   았다는 기록이 보이는 등 부산은 지리적 여건으로 일찍이 가야와 신라의 영향하에
   있었음을 추정할 수 있다.
9) 대증현(大甑縣)은 현 부산진구 당감동에 위치하였고 동평현(東平縣)으로 개명, 갑
   화량곡현(甲火良谷縣)을 기장현(機張縣)으로 고쳐 동래군 소속으로 두었으나 이후
   양주(良州: 지금의 양산)로 이속되었다.

점이 의문시되지만 '동래'라는 지명이 정착된 시점을 8세기 중엽 이후라는 점은 명백한 사실이다.

6) 고려시대(918~1392)

고려시대	비고
	동래현 폐지
1018년	현종(9년) 울주(울산)의 속현
1122~1146년	동래현 승격

후삼국을 흡수·통합한 해상국가 고려는 개경(開京)에 도읍을 정함에 따라[10] 한반도 동남단에 위치한 부산은 한반도 서부의 정치 중심에서 배제되어 변방으로 만족해야 했다. 후삼국시대의 부산 지역은 후백제와 연계되어 고려와 대치하는 양상으로 인하여 통일 후 부산 지역의 정책적인 지위 격하의 직접적 원인으로 작용하였다. 종래 통일신라시대부터 지방관이 파견되는 주현이었던 동래군은 고려 초 지위상실과 함께 1018년(현종9)에는 울주(울산)의 속현으로 편제됨으로써, 동래군의 속현이었던 기장현과 동평현은 각각 울주와 양주(양산)의 속현으로 격하되어, 부산 지역은 고려 초 울산, 양산 등 주변 지역에 비해 불리한 상황을 맞이하였다. 그러나 오히려 이 같은 점이 다른 내륙 지방과 같이 토착 사족(士族) 세력이 형성될 수 있는 조건이 늦었고, 비교적 약한 지연성(地緣性)이 부산사람의 개방성과 역동성을 잉태하는 기회를 제공한 순기능 또한 없지 않았다. 고려 중기 이후 동래 지역의 대표적인 토착세력으로 등장한 동래 정씨 가문에서 정목, 정항, 정서 등이 중앙정계로 진출함에 따라 인종(1122~1146)대에 동래는 속현에서 벗어나 주현으로 복귀되었다. 무신정권에 이어 대몽 항쟁기를 거

---

10) 예성강 중심의 국제 무역항 벽란도 및 대 중국 무역은 서해안을 중심으로 전개되었다.

처 고려 말 서·남해안의 왜구를 제압하며 성장한 신흥무인세력을 중심으로 점차 변방의 시각에서 국방의 요지로서의 중요성이 부각되었고, 이후 조선시대에는 대(對)일본교역의 관문으로 역사의 전면에 부상하기에 이르렀다.

7) 조선시대(1392~1910)

조선시대	비고
1407년	부산포 개항
1547년	동래현을 동래도호부로 승격
1592년	동래현 격하(패전의 책임)
1607~1678년	두모포왜관 설치(현 동구 수정동 수정시장 인근 지역)
1652년	경상좌도 수군 절도사영 남촌면(현 수영구 수영동)으로 다시 옮김
1678~1876년	초량왜관 설치(현 중구 용두산공원과 복병산 인근 지역)

고려 말·조선 초는 왜구의 최대 극성기였고, 조선의 개국[11]과 더불어 태조 이성계[12]는 1397년(태조6)에 대비책으로 동래진을 설치하는 한편 회유책으로 1407년(태종7) 부산포(현 동구 좌천동)를 제한적 교역을 조건으로 개항하였다. 1547년(명종2) 동래현에서 동래도호부로 승격하는 등 이와 같이 지리적으로 가까운 쓰시마(対馬)를 두고 대치한 부산은 국방과 외교를 담당하는 중요한 위치로 평가되어 일본과의 관계를 민감하게 반응한 공간이었다. 1592년(선조25) 울산 개운포 소재 '경상좌수사영'을 수영(현 수영구 수영동)으로 이전하여 국방 요새지로 조성하였다. 그러나 임진왜란 당시 일시적으로 동래현으로 격하되었으나 전쟁 후 국방상의 이유로 동래도호부로 복귀되어 국방과 경제공간의 중심지로 그 역할을 재개하였다. 17

---

11) 조선 건국의 주체: 유가적 정치이념의 신진사대부와 신흥무인세력.
12) 북으로 여진과 서·남해의 왜구를 제압함으로써 성장한 신흥무인세력의 대표.

세기에 두모포왜관이 설치되었으나 수차례에 걸친 이전 협상을 통해 초량 왜관(현 용두산 공원 일대)으로 이전하였다. 부산은 왜관을 통한 일본사절과 상인(興利倭人)의 출입이 빈번하였을 뿐 아니라 조선통신사절들이 일본에 파견될 때도 부산을 경유하여 조선시대 한 · 일 간 외교와 무역의 중심지 가 되었다.

8) 타의적 개항과 부산

근세 이후 개항기(1876)의 부산포[13]는 '동래'에 포함되어 있던 종속적 공 간이었다. 18세기 동래부는 7개의 면[14]과 79리로 구성되어 있었고, 인구는 약 19,099명이었다. 당시 동래는 왜관을 통해 일본인들과의 거래를 독점하 고 전국적인 유통망을 형성하여 상업을 주도한 중심지였다.[15] 그러나 개항 이후 왜관의 폐쇄와 더불어 이 지역을 일본인 전관 거류지를 설치하여 왜 관 주변의 근대화를 착수함으로써 경제활동의 중심은 동래부에서 부산포 를 포함한 일본인 거류지로 이전되기 시작하였다. '일본전관거류지'[16]에 본토 일본인들이 이주하기 시작하여 부산포 주변 지역을 시가지로 형성하

---

13) 부산이라는 지명의 유래는 현재의 동구 좌천동 일대를 가리키며, 대부분 어업에 종사하였고, 동래부와 공간적 거리가 큰 한산한 어촌이었다. 그러나 1876년 일본 과의 강화도 조약에 의해 인천, 원산항과 함께 굴욕적, 근대적인 개항을 맞이하 였다.

14) 邑內 · 東 · 西 · 南 · 北 · 東平 · 沙川 등의 7개 面.

15) 동래부를 중심으로 활약한 조선의 상인을 내상(萊商)이라 하였다.

16) 초량왜관과 일본인 전관거류지 변경 시기: 현재의 초량이 아니라 용두산공원 주 변을 말한다. 1678년(숙종4년) 개관한 초량왜관은 500명 이상의 일본인이 상주하 였고, 조선 정부는 외교업무 · 무역의 편의상 건물 등을 하사하였고 왜관 내 일본 인들의 생활에 적합한 시설을 조성하도록 허가하였다. 이후 초량왜관은 약 200년 간 존속하다가 1876년 개항 이후 일본인 전관거류지(專管居留地)로 바뀌었다. 부 산에는 일본 전관거류지(專管居留地), 청국전관조계(淸國專管租界)가 있었고, 원 산에도 일본 전관거류지와 청국 전관조계가 있었으며, 인천에는 일본인 전관거류 지, 청국전관조계, 각국 공동조계가 있었다. '부산구조계조약(釜山口租界條約)'에 는 매년 임대의 형태로 하기로 하였으나 실제로는 일본 측이 경찰권, 징세권, 지방 행정권을 행사한 조선 영토 내 치외법권적 공간이었다.

기 시작한 이후 양상은 크게 달라졌다.[17] 1905년 을사늑약 이후 1906년 이주한 일본인들의 자치행정조직으로 일본거류민단이 설치되어 부산은 일본인 사회가 주축이 되어 '동래부'를 배제한 왜곡된 성장을 하기 시작했다는 것이다. 1910년 8월 22일 한일 합방조약에 의해 같은 해 10월 1일자로 조선총독부가 설치된 이후[18] 특히 부산의 일본인 이주가 급증하였다. 그들 대부분은 일본의 최대 낙후 지역인 서일본의 하층민 출신이었고, 조선에서 무역업과 중개업, 부동산 구입을 통하여 재기할 목적으로 부산으로 유입되었다. 총독부의 적극적인 이주정책에 힘입어 각종 지원과 보호를 바탕으로 자본을 투입하여 거류지를 중심으로 주변의 영도, 초량, 부산진 방면의 조선인의 토지와 가옥에 대한 무차별적 매입을 통하여 경제적 파산자에서 단시간에 신흥 대지주로 성장하였다.

9) 일제강점기(1910년 8월~1945년 8월)

일본은 1910년 8월 합방 후 곧 9월 30일 『조선총독부관제』와 『조선총독부지방관제』를 반포하여 10월 1일 전국적으로 실시하였다. 철도와 부두의 건설을 비롯하여, 북빈(北濱: 1902~1909), 부산항 잔교 건설(1912), 1914년 부산부에 부산역, 세관, 부산우체국, 중앙로 등 중구 지구를 비롯하여 서구, 동구, 영도구를 설치하고, 이후 1936년 부산부의 확대 팽창–서면 등 편입과 현 남포동 지역 남빈(南濱: 1930~1938)의 해안 매립을 서둘렀다. 1942년 행정 지역 확대(2배 이상 증가), 1914년 4월 군·면의 통합시책으로 동래

---

17) 1986년 개항 이후 일본인들의 본격적 이주 청일전쟁 승리 이후 일본 정부의 적극적 장려책 실시.
　　청일전쟁 당시 재부산 일본인 4,028명
　　러일전쟁 1904년 말 11,996명으로 급증
　　1905년 '거류민단법' 공포 → 부산의 일본인 거류지 적용
　　1909년 재부산 일본인 21,697명→ 동래부를 제외한 부산 지역에서 조선인 인구를 앞지르게 되었다.
18) 지방제도는 13도(道) 이하 부(府)와 군(郡)을 두게 되어 앞서 1905년 12월 부산에 설치되었던 이사청이 폐지되고 새로이 부산부가 설치되었다.

부의 일부와 기장군을 합하여 동래군으로 격하·재편하여 경상남도에 속하게 하여 이른바 '부산부'와 '동래부'를 해체하여 '부산부' 중심 행정을 전개하였다. 1925년에는 진주 소재였던 경남도청을 부산으로 이전하는 등 일본의 대륙진출을 위한 인프라의 일환[19]으로 강압적 '점령지 행정시책'[20] 실현을 목적으로 주요 사업이 집중적으로 부산에서 추진되었다.

10) 광복과 부산

1945년 8월 15일 일본의 의도적 항복으로 광복을 맞이한 부산은 부산 거주 일본인의 철수, 해외동포의 귀국, 일제잔재의 청산 등의 문제를 해결하기도 전에 미국과 소련에 의한 남·북 분할 점령으로 남한은 미군정의 실시로 부산 역시 미군정이 실시되었다. 미군정 당국의 행정체계는 전면적인 수정이 아니라 일제강점기 행정체계를 그대로 계승하였다. 그러나 부분적으로 1947년 7월에는 종래의 일본식 동명을 우리말로 변경하기 시작했으며 1948년 8월 15일 대한민국 정부의 수립과 더불어 부산은 본격적인 민주적 법치행정의 실시를 추진하였다. 1949년 8월 15일 부제(府制)가 시제(市制)로 개칭되었으나 '동래부'를 부각하지 못한 채 '부산부'에서 '부산시'로 재출발하였다.

---

19) 경부선: 경인선(1899)에 이어 부설한 한반도의 2대 간선축인 서울-부산과 서울-신의주를 잇는 철도 부설권을 획득한 일본은 '경부철도'를 설립하고 1901년 8월 21일에 서울 영등포와 부산 초량에서 각각 착공했다. 1904년 러일전쟁 개전 직후 군수물자 수송 등의 목적으로 1904년 12월 27일에 완공되어 1905년에 전선이 개통되었다.
　　영도다리: 1931년 3월부터 1934년 11월까지 3년여에 걸쳐 완공된 다리의 총 길이는 214m 63cm이며, 그중 육지 쪽의 31m 30cm를 들어 올릴 수 있는 도개교(跳開橋)로, 폭은 18m로 보도가 양측으로 각각 2m 70cm, 차도가 12m 70cm로 건설되었다. 총공사비는 당시 돈으로 70만 8천 원이었는데 현시가로 환산하면 약 400억 원에 달한다.
20) 필자는 식민정책이라는 적절하지 않다고 보아 '점령지 행정 시책'이라 하겠다.

11) 6 · 25 동란기와 부산

부산이 제 2도시로 부상하는 발전의 시작은 일제강점기 이후이다. 개항 시에는 개항지(일본조계)의 일본인 82명과 부산포 주변의 어민 1백여 호에 불과하였으나 30년이 경과된 1907년에는 4만 명으로 증가되어 제2의 도시로 부상되었다.

1915년에는 인구가 6만 명으로 증가하여 당시 부산부 전체 인구의 50.7%가 일본인이었다(김성곤 1993, 59; 부산광역시 1997, 13). 광복 직후 부산의 인구는 28만 명, 곧 대규모 귀환동포의 유입으로 1948년에 50만 명으로 두 배 정도 증가하였다. 이어 6 · 25동란으로 낙동강까지 몰린 정부는 대구 임시 수도를 재차 부산으로 이전하게 되었다. 임시 수도가 설치되고 수많은 피난민이 집중되면서 당시 1950년부터 53년까지 3년간 부산은 대한민국의 임시 수도로 활동하였다. 전쟁 중 1952년에 85만 명, 그리고 1957년에 100만 명을 넘어섰다.

30만 명 규모의 도시계획을 확대 및 구상하기 이전에 인구가 변칙적으로 급증했고 이에 따라 미흡한 도시 기반시설 등 구조적 취약성은 더욱 심화되어 파행적인 도시로 가속화 하였지만, 전쟁 중 도시의 수용력을 넘어 전국 각지에서 유입된 피난민들로 인해 인구가 급격히 증가하게 되었다. 그러나 부산은 결코 외부인에 대하여 배타적이거나 외면하지 않고 긍정적으로 수용하는 똘레랑스를 발휘하였다. 이는 고대로부터 전승되어 온 정주문화와 해양문화의 양 요소를 두루 겸비한 역사에서 비롯한 것이라 할 수 있다.

12) 근대화 부산과 현재 진행형 부산

1963년에 직할시 승격과 동래군 구포읍과 사상 · 북면, 기장읍 송정리가 편입되었다. 이후 1978년 김해군 대저읍과 가락면, 명지면 일부가, 1989년에는 김해군 가락면과 녹산면, 의창군 천가면이 편입되었고, 1995년 광역시 개편으로 행정구역 확장으로 기존의 동래구를 분구하여 연제구, 남구를 분구하여 수영구, 북구를 분구하여 사상구를 신설하였다. 또한 양산 동부 5개 읍면(기장읍·장안읍·일광면·정관면·철마면)을 편입시켜 기장군에 편제하였고, 진해시 웅동 2동 일부가 강서구 녹산동에 편입되는 등 2010년 현재 부산은 16개 구군으로 구성되어 있다.

부산은 1960년대 4월 혁명과 경제개발계획의 물꼬를 트기 시작하였고, 1970년 경부고속도로의 개통으로 본격적인 근대도시로 출발하였다. 1970년대 부마민주항쟁, 1980년대 6월 민주항쟁을 통해 민주주의와 경제라는 양 축을 등가적으로 성실히 수행해 왔다. 정의를 지키고 독재정권을 무너뜨리는 데 앞장선 민주화의 성지로서 역할을 다하여 왔다. 1997년 IMF 사태를 극복하기 위한 경제문제 타개를 목표로 2002년 부산아시아경기대회와 월드컵 대회를 성공적으로 치러 내었고, 2005년 아시아태평양정상회의(APEC) 개최 등으로 국제적인 위상을 드높였다. 그리고 2006년 부산 신항 개항과 더불어 세계 5대 항만도시로서 21세기 동북아 중추도시로 발전하고 있다.

2. 부산의 역사적 의의

1) '안과 밖의 문화'로서의 장산국과 내산국

앞서 부산의 고대 명칭으로 장산국과 내산국으로 대별하였다. 양자의 특징을 '안과 밖의 문화'라는 시각으로 접근해 볼 때, 먼저 장산국의 본질을 〈거칠다〉[21]라는 함축적 언어에서 출발하면 장산국은 부산사람들의 바다를 상징하는 해양 지향적 문화를 배양했고, 내산국은 내륙의 산과 신선사상을 접목시켜 문(文)의 정신이 정착되었다고 볼 수 있다. 양자는 각각

---

21) 어원적 고찰을 통한 문화사적 어의는 '신성, 영웅, 의협, 용맹'의 뜻이 담긴 말로 해석된다.

공간 지역의 고유한 원형질이 작용하여 내산국의 '안'과 장산국의 '밖'문화가 융합하여 부산문화를 창조했다. 여기서 안과 밖의 개념에 관한 공간은 '모고개(馬飛峙)'를[22] 경계로 한다. 다시 말해 내산국이 소재했던 동래를 '안의 문화'라 하고 부산의 동남쪽 해안선을 따라 해운대, 광안리, 용당동, 용호동, 우암동, 감만동 방향을 해양문화로서 '밖의 문화'라고 할 수 있다.[23]

2) 동래(東萊)와 부산(釜山)

동래(東萊)라는 명칭은 신라 경덕왕 때 종래 '거칠산군'을 폐하고 명칭을 동래군(東萊郡)으로 바꾸면서 정착된 지명임을 밝혔다. 『동국여지승람(東國興地勝覽)』에 의하면 동래의 옛 지명이 두 가지로 기술되어 있다. 첫째, 장산국과 거칠산국이 같은 계열이며 둘째 내산국, 동래현, 봉래현이 동일하다고 하였다. 특히 두 번째의 지명은 신선사상과 결부되어 봉래동과 영주동과 같이 삼신산(三神山)의 명칭을 차용하고 있음이 추정된다.

삼한시대 독로국과 같은 독자적인 정치세력을 구축하였으나 가야와 신라에 복속된 이후 지방의 일개 군현으로 발전이 더디다가 고려 초 가장 낙후된 변방으로 전락하였다. 고려 중기를 기점으로 재차 동래를 관향으로 성립된 사족(士族)의 중앙 진출로 부산의 인지도는 개선되기 시작했고, 고려시대 후기와 조선 초기에 걸쳐 세기적인 일본의 무정부주의 해적집단인 왜구의 발호로 부산은 국방상, 외교상의 가치를 재평가받기에 이르게되었다.

한편 조선왕조 이후 동래부는 상업 · 행정 · 교육 중심의 도시로서 발전하였다. 우선 동래읍성 내에는 객사, 동헌을 비롯한 각종 관아건물과 부

---

22) '모'는 '말(馬)'의 부산 말이다. '모고개'는 현 부전동 서면에서 동래 쪽으로 가는 방향의 '양정고개'를 가리킨다.

23) 상하의 개념이 아니라 내륙문화와 해양문화를 상징하는 것으로 해석한다.

산 지역의 관학의 대표적 교육기관인 동래향교,[24) 사액서원인 안락서원[25)
및 1732년(영조8)에 시술재(時述齋)등과 같은 서당(書堂)들이 세워졌다. 동
래부를 중심으로 왜관을 통해 중국과 일본 간에 개입하여 중개무역을 주
도한 내상(萊商)등의 활약 또한 지대하였다. 또한 군사 · 외교적 상황에 따
라 현 · 도호부 · 부 등 위상의 변동을 반복한 것은 조선에 와서 특히 두드
러진 현상이었다. 동래는 한마디로 내륙문화와 정주문화를 대표하고 있으
며 이는 고대의 내산국의 전통을 계승하고 있는 공간이었음을 알 수 있다.

이에 반해 해양문화 상징의 '장산국'을 계승하는 공간으로서 부산(釜山)
의 지명은 조선 초기 『세종실록』을 먼저 살펴볼 수 있겠다. 이 책에 동래
부산포(東萊富山浦)와 같이 동래가 상위개념으로 먼저 나오고 부산이 하위
개념으로 나오고 있음을 알 수 있다. 즉 동래(東萊)의 종속 개념으로서 부
산포인 셈이다. 신숙주의 『해동제국기(海東諸國記)』역시 「동래지부산포
(東萊之富山浦)」라 기술하고 있으며, 같은 책 「삼포위관도(三浦倭館圖)」에
「동래부산포지도(東萊富山浦之圖)」라 기록되어[26) 조선 초기까지는 '부산(富
山)'이라는 지명이 절대적이었다.

---

24) 향교(부산시 지정 유형문화재 제16호)란 서당교육을 받은 15, 16세의 소년들이 입
　학하는 조선시대의 국립 중등교육기관을 가리킨다. 현재 동래구 명륜동에 위치
　한 동래향교는 조선 초기 국가의 교육진흥책에 따라 1392년(태조1)지방에 향교를
　설립함에 따라 설립되었다고 생각되나 임진왜란 때 동래성 함락과 함께 불타버렸
　다. 임진왜란이 끝나고 1605년 다시 세워졌으나 1704년(숙종30)에 동래부 동쪽에
　있는 관노산 아래로 옮겼다. 그 후 학소대, 인생문 부근 등으로 여러 차례 이전 후
　1813년에 현재 위치에 자리 잡았다. 『경국대전』에 의하면 종(從)6품의 교수 1명이
　있고, 교생의 정원은 70명이며, 향교의 유지와 관리를 위하여 학전(學田) 7결이 지
　급되었다.
25) 조선 이후 학문연구와 선현제향을 위하여 사람에 의해 설립된 사립 고등 교육기
　관을 가리킨다. 안락서원은 1652년(효종3) 동래부사 윤문거가 임진왜란 당시 순
　절한 동래부사 송상현과 부산 첨사 정발을 향사하던 충렬사를 안락리로 이전하면
　서 강당 · 동재 · 서재를 같이 지어 안락서원이라 이름 한 데서 비롯되었다. 이후
　여러 임란 순절열사들을 합향 하고, 또 다대 첨사 윤흥신 장군도 추가로 봉사지내
　고 있다.
26) 조선 성종2년(1471).

이후 조선 중기『증보동국여지승람(增補東國輿地勝覽)』「산천조(山川 條)」[27]에 처음으로「부산(釜山)」이란 지명이 보이기 시작하였다. 본래 고려 후기 이후 조선 중기까지 부산포 주변은 산과 바다를 동시에 갖추어 물산이 풍부하다 하여 '부자뫼'에서 유래한 설과 서쪽 낙동강 너머의 김해와 달리 산이 많아서 '부산(富山)'으로 기록되다가 산의 형세가 완만한 가마솥 같다고 하여 부산(釜山)으로 개명된 것이라는 설이 대표적이다.

그런데 여기서 부산(釜山)에 관한 지명의 오류를 지적하면 바로 부산포가 최초 소재한 좌천동의 시루 모양의 증산(甑山)의 존재이다. 지금도 대표적인 성북고개와 산복도로가 이어져 있는 곳이다. 부산이 증산이라는 오류는 1872년 지방지도에 증산이 '부산의 옛터(釜山古基)'로 표기된 것에 연유하였다. 다시 말해 가마모양의 부산(釜山)과 시루모양의 부산(甑山)은 별개임에 주의하지 않으면 안 된다. 이근열 교수는 "무엇보다도 해당 지명에 대한 이해가 부족한 상태에서 한자로 표기될 경우에는 같은 지명이라도 다른 한자 표기로 나타나는 경우가 많다. 그러므로 해당 지명의 한자 표기가 다양하게 나타나는 지명이 있을 경우엔 그 표기의 진위와 상관관계를 검증해야 한다"[28] 고 역설하였다.

이상을 정리해 보면 정주문화를 대표하는 '내산국'의 전통을 이은 동래(東萊)의 본질은 보수적이라고 할 수 있으며, 해양문화로 대표되는 장산국의 공간인 부산(富山)은 이후 부산(釜山) 혹은 증산(甑山)의 오류 등으로 명칭은 바뀌었다 하더라도 고유한 문화는 개방적이고 진취적인 성질을 보유하고 있다고 할 수 있다.

3) 문화교류의 공간 초량왜관

부산의 이질적인 문화의 경험과 교류는 왜관을 배제하고 말할 수는 없

---

27) 부산은 동평현에 속하며 산의 모양이 가마솥과 같다.『삼국사기』에는 동래에 거칠산국이 있었다고 나와 있으며,『동래읍지』등에는 장산국이 있었다고 나와 있다.

28) 이근열, 〈부산지명총람〉지명해석오류연구, 우리말학회, 우리말연구, 2007.

왜관 소재 변천

연대	왜관의 위치	비고
1407	富山浦 · 薺浦(熊川)	
1418	富山浦 · 薺浦 · 鹽浦 · 加背梁	제1차 폐쇄 1419~1422 대마도정벌
1460	富山浦 · 薺浦 · 鹽浦(蔚山)	제2차 폐쇄 1509~1512 三浦倭亂
1512	薺浦	壬申條約
1521	富山浦 · 薺浦	
1544~1547	釜山浦(명칭변경)	蛇梁倭變 丁未條約 1544년 이후 부산포만 존재
1603~1606	絶影島倭館	제3차 폐쇄 1562~1601 壬辰倭亂
1607~1677	豆毛浦倭館(古倭館)	己酉條約(1609) 外交再開
1678~1875	草梁倭館(新倭館)	倭館의 확장 · 移轉
1876	倭館廢止	日本人專管居留地 · 江華島條約 · 메이지 정부접수

을 것이다. 일본의 근세 에도시대는 자국민의 해외 진출을 엄격히 통제하고 철저한 쇄국정책을 펼친 시기였다. 그럼에도 에도막부(江戸幕府)가 공인한 해외 일본인 거류지는 부산의 왜관(倭館)만이 유일한 공간이었다.[29]

왜관은 본래 조선왕조가 일본에 대한 회유책과 대(對)조선 교역과 외교업무를 담당하는 일본인을 감시하기 위함 목적으로 설치한 특수공간이다. 조선과 일본 양자는 쓰시마(対馬)를 개입시켜 양국 간의 정치적인 문제를 원만하게 해결하기 위한 완충적, 의도적 공간의 성격이 강했다고 할 수 있다.

한편 쓰시마는 고대부터 일본 큐슈(九州) 북부와 한반도와의 교역과 관련되어 왔음은 전근대 우리나라와 일본 관계사 속에 배제할 수 없는 존재이다.[30] 쓰시마(対馬)라는 말은 일본에서 우리나라로 항해 시 일시적으로

---

29) 에도(江戸)시대의 전 기간은 물론, 메이지(明治)시대 초기까지 일본의 자국영토를 벗어나 외국에 존속한 '일본인 거류지'이다.

30) Tsuruda(鶴田啓), 『対馬からみた日朝関係』(山川出版社, 2006).

머무는 정박지의 의미(津=停泊地)로서 유래하는 설과 한반도 서남부의 마한(馬韓)과 비교하여 반대의 위치에 있었다고 하는 설 등 다양하다.[31] 조선 전기 삼포(三浦)[32] 즉 제포(현 진해 웅천), 부산포(현 부산 범일동), 염포(현 울산 염포동) 등 세 곳에 왜관을 개방했으나, 임진왜란 이후 한·일 교역의 역할을 최후까지 존속한 왜관은 부산포뿐이었다. 막부로부터 무역독점권을 획득한 쓰시마번(対馬藩) 관리하에 왜관은 운영되었고, 이곳에 거주한 일본인(恒居倭人)은 상황에 따라 400~500명의 규모였다. 정식으로 왜관 설치 이전에 항거왜인 가운데 가족동반인 경우도 있었으나 이후 전원 남성만이 거주하게 되었다.[33] 부산포 내 왜관의 소재는 수차례 변동을 겪었다. 예컨 대 1607년 신축된 두모포왜관[34]은 협소한 규모, 빈약한 선착장 시설 등의 이유로 동래부와 치열한 이관(移館)논의가 진행되어 1678년(숙종4) 초량왜관(현 용두산 공원 일대)으로 이전하여 일본인이 자체적인 생활공간을 조성하여 거주하였다.[35]

1876년 강화도조약이 체결되기 전까지 존속했던 초량왜관의 구조는 지금의 용두산 공원을 중심으로 좌우로 각각 동관(東館)과 서관(西館)으로 나뉘어져 있었고, 동관의 경우 무역과 항거왜인들의 생활공간으로 사용하고 서관의 경우는 사신들을 위한 숙박공간으로 활용되었다. 이들은 준자치적인 공간을 형성하였으며 왜관의 6개의 출입구를 조성하여 출입을 통제하

---

31) 쓰시마(対馬)라는 이름의 유래는 부산에서 볼 때 2마리의 말(対の馬)처럼 보인다고 해서 붙여진 이름이라는 설도 있다.

32) 1494년(세종25) 당시 부산포(富山浦) 왜인의 수는 127호(453명)이었고, 三浦 중 최대 규모를 보인 제포(薺浦)는 347호(2,500명) 등 三浦를 통괄하는 対馬府의 총인구를 상회할 정도였다. 부산포(富山浦)를 비롯한 三浦에 무역선의 입항에 의해 교역이 활발하고 쓰시마와 하카타(博多) 등과는 빈번한 왕래가 있었다.

33) Tashiro(田代和生), 『倭館 鎖國時代の日本人町』(文藝春秋, 2002).

34) 지금의 부산광역시 수정동 일대에 약 1만 평 규모로 지어진 일본인 거주 지역이다.

35) 교역뿐 아니라 일본인이 상주하면서 상점을 직접 운영하는 등 왜관은 조선 영토 내의 일본인 거주 지역임을 확인할 수 있는 사례이다. 거처를 마련하여 장기간 거주하는 왜인을 일러 '恒居倭人'이라고 한다.

기도 했다.[36) 주된 기능은 무역과 정보의 수집 및 외교업무 등이었고, 수문 밖에서는 시장(朝市)이 형성되어 쌀과 야채, 생선 등 조선의 식품과 술, 두부, 곤약 등의 일본식품 등이 활발하게 거래되었다. 또한 왜관 내에는 떡집과 다실(茶室), 가마터도 함께 설치, 운영되기도 하였다.

초기 조선 정부가 설정한 정치적, 의도적 공간이었던 '왜관'이 오히려 일본과 조선 간의 문화와 정보가 교류하는 '열린 공간'으로 기능했던 점에 주목할 필요가 있다. 왜관을 정치적인 목적으로 일본인을 격리시킨 공간으로 남겨 두지 않고 경계를 벗어나 조선의 다양한 계층은 왜관을 통한 문화교류를 시도하였다. 경우에 따라 왜관 밖으로 무단이탈하여 산책과 등산, 풍류를 즐기는 일본인도 있었고, 통상 무역을 벗어난 형태의 밀무역도 성행하였고, 남성 전용 생활공간이었던 왜관의 특성상 주변의 조선 여인과의 통간사건(교간)[37)이 발생하고, 양국의 사신들과 무역관계자들 교류 등 조선과 일본의 이문화 속에서 왜관을 통해 전개되었다.

4) 통상(通商)을 넘어 통신(通信)으로

쇄국을 정책으로 삼았던 에도시대 일본은 쓰시마를 개입시켜 조선과는 외교관계를 맺고 교류를 지속하고자 했다. 그러나 일본은 표면적 교역을 중심으로 한 통상(通商)만을 목적으로 하는 것이 아니라, 양국 존립의 바람직한 선린(善隣)의 가치와 문화를 인정하고 공생하는 문화를 통상해야 했다. 주지하다시피 조선은 12차례에 걸쳐 통신사를 파견하였고 일본은

---

36) 왜관의 守門으로 東一·二, 西一·二, 南, 北 등 6곳의 복병소(伏兵所)를 설치하였다.
37) '조선통신사의 공식적 규모는 상황에 따라 400~500명 정도였으며 구성은 3사(정사, 부사, 종사관)와 양의, 화가, 서기, 악대, 선장 등 다양하였다. 8월 4일 부산포 영가대(永嘉臺)에서 6척 선단으로 출발하여 10일 즉 7일간의 항해 후 쓰시마 이즈하라(嚴原)에 도착하였다. 이다. 그러나 歸路는 겨울이며 대륙에서 북서풍이 불면 11월 6일 이즈하라를 출발, 11월 23일 경 부산에 도착하여 약 17일이 소요되었다'고 하는 조선통신사의 기록이 상세하게 나타내고 있다. 즉 같은 구간이라도 계절에 따라 항해 일수는 크게 차이가 있다. (항로)釜山―対馬―淀(육로)―江戸.

조선통신사절의 방문기간 동안 많은 것을 학습했다.

안타까운 점은 '문치교화(文治敎化)'라 했듯이 문화는 문(文)으로 다스리고 덕(德)으로 교화해 나간다는 유교적 이데올로기로 출발한 조선은 이른바 상(商)의 통(通)이라는 출발점을 놓고 조선은 신(信)의 통(通)으로 해석한 반면 일본은 신(信)의 개념은 전무에 가까울 정도로 시작부터 이마저도 상(商)의 개념으로 해석하고 수용했다는 점이다. 조선과 일본 간 통신(通信)의 '신(信)'은 문자가 뜻하는 의미대로 단순한 신뢰의 뜻의 지시어를 뛰어넘어 마음의 접촉, 가치의 접촉, 문화의 접촉을 의미하는 상징적 함축어로 승화시키고자 했지만, 일본의 실상은 정반대의 해석을 내렸다. 부산을 출발한 조선통신사의 방문은 당대의 국제교류임에는 틀림없는 사실이다. 방문지마다 수많은 무사(武士)·서민(庶民)·지식인(知識人)들의 환영을 받았고 수백 권의 당시 조선통신사절에 의한 시문창화집(詩文唱和集)이 현재 일본 각지에 남아 있다고 해도 일본인은 우리나라의 '신(信)'문화를 그마저도 '상(商)'문화로 변용하여 수용했다는 점이 양자의 엇갈림을 잘 파악할 수 있는 국면이라고 할 수 있다.

일본은 외형상 조선통신사절을 통한 양국 외교관계의 성숙을 지향하는 정치적 '한류(韓流)'였고, 실체는 일본의 국익을 추구할 목적으로 조선을 통한 중국에 관한 정보수집과 '조선배우기'였다고 할 수 있다. 부산 소재의 왜관의 존재와 본질 또한 마찬가지였다. 즉 왜관은 부산의 동래(東萊)문화를 '신(信)'으로 수용하지 않고, 물과 기름처럼 겉도는 부산포(釜山浦)에 집착한 '상(商)'문화였다. 다시 말해 조선의 통신(通信)을 저버린 배신이었고 통상(通商)으로서만 대응할 뿐이었다.

5) 부산사람의 정체성

부산 사람의 정체성은 고대로부터 시·공간을 더듬어 온 삶의 유형적 특질로서 개방성과 실질성 그리고 융합성과 같은 3요소의 총체라고 할 수 있겠다.

앞에서 살펴보았듯이 부산은 삼한시대 독로국 이후 주변 지역의 영향을 각 시대와 더불어 지속적으로 받아왔다. 부산사람의 개방성은 삼한시대

의 옛 지명 '거칠산국'을 상고해 봐도 알 수 있을 것이다. 신라로 흡수 · 통합된 이후 경덕왕 재위 기간 중 철저한 한화정책(漢化政策)으로 유감스럽게도 황령산(荒嶺山)으로 개명되는 수모를 겪기도 하지만 거칠산국이든 황령산이든 표기상의 차이이지 거칠산국의 원형은 참담하게 폄훼될 수 없으며 오히려 현실을 받아들이고 실질적인 방향으로 조화를 이루어 역사 속에서 자리매김해 왔다는 것이다.

조선의 경우 왜관의 설치와 더불어 해양문화의 일본과의 교류는 이른바 선린 '국제관계'를 지향하여 부산의 고대 장산국의 해양문화의 전통이 있었기에 가능한 부산사람의 개방성을 대표하고 있는 좋은 실례이다. 전통적으로 부산은 낙후되고 폐쇄적인 변방의 도시가 아니었다. 바다를 통해 새로운 기회를 획득할 수 있는 지역으로 거듭나고자 했다. 부산을 찾는 사람들에 대한 개방의 본질은 적극적 타자수용이며, 이는 곧 아(我)가 타(他)에 대한 배려라고 할 수 있다. 부산은 역사적으로 정형적 상위문화의 향유자로서 사대부의 형성은 비교적 둔화되었기 때문에 역설적으로 서민문화가 다양한 형태로 표출되어 왔다. 이는 부산 지역의 특정한 유력가문이 다른 지역보다 상대적으로 소수였다고 하는 지역적 특징도 작용했다고 할 수 있다.

타자에 대한 개방성을 보유한 부산사람들의 본질은 극소수 유력가문을 제외하고 대부분의 정형화된 유교식 생활 규범과 적절한 거리를 두고 탄

력적이고 자유로운 생활을 영위하였다. 외형상의 투박하고 거친 모양은 격식을 과감히 벗어 던진다. 화려한 미사여구 등과 같은 수식을 처음부터 배제하고 본질로 다가선다. 자신의 내면을 진술하게 토로하는 것 이야말로 이른바 '관계'로 발전해 가는 가장 중요한 요소로 인식하고 있다. 인간관계에서 진행되는 의사소통 과정 중 경제적인 언어구사를 제일원칙으로 삼는다. 단시간에 경제성을 극대화시킨 언어적 생산성이 타자를 배려한 자아 속에 유입시킴으로써 부산사람에게는 이른바 유교적 형식주의를 초월한 '실질주의'가 오랜 전통 속에서 표출되고 있는 것이다.

부산사람의 융합성은 부산이 산과 바다와 강을 더불어 품고 있다고 하여 삼포지향(三抱之鄕)으로 대표된다. 이와 같은 지형적인 특성 또한 부산사람의 융합성에 영향을 끼쳤다. 지형적인 삼요소뿐 아니라 부산사람의 본질적 삼요소는 개방성과 실질성, 소통된 융합성이 유기적으로 결합되어 있다고 할 수 있다. 문화란 공동체 속 삶의 총체이며, 삶은 융합을 통해 완성체로서 귀결되기 때문이다. 부산사람은 공동체를 해체시켜서 생각할 수 없고 융합된 개념에서 접근하려는 경향을 보유하고 있으며, 미셸 푸코(Michel Paul Foucault)도 밝혔듯이 저마다의 삶이 하나의 작품이 되는 것을 가리켜 '존재의 미학'이라 한 것처럼 이는 개별적인 인간의 삶뿐만 아니라 총체로서의 삶의 질과 맞닿아 있는 것이 부산사람의 융합성이라 할 수 있다.

III. 결론

부산의 역사는 해양문화와 대륙문화의 접점적 관계 속에서 적극적으로 이어져 왔다. 시대적 상황에 따라서 대륙문화의 위기와 해양문화의 침체

를 반복하였다. 양 문화를 우열의 개념에서 파악할 대상이 아님은 주지의
사실이다. 다시 말해 양 문화 상호간 고유의 공간을 존중하고 차이를 긍정
할 때 새로운 확대재생산을 기대할 수 있다는 것이다. 자의 혹은 타의에
의해서나 부산은 해양문화 및 대륙문화의 공존 경험은 결정적으로 전무
에 가깝다고 해도 과언이 아니다. 오히려 양 문화의 우열과 경중(輕重)이
뚜렷했다는 것을 역사 속에서 확인할 수 있었다.

부산의 선사시대-근세까지 전개되어 온 해양문화의 부산포와 대륙문화
의 동래를 '동서구조론'으로 정리하여 우열 및 경중의 상황을 다음과 같
이 나타낼 수 있다.

근세까지의 '西〈東' 현상이 1876년 타의적 개항에 의해 일본인의 유입
에 의해 종래 낙후 지역이던 부산의 서부가 개발되기 시작하여 부산포(釜
山浦)를 포함하는 해양문화의 '西부산'이 전통적 대륙문화인 '東부산'의
동래를 앞지르기 시작하여 역전현상을 다음과 같이 제시할 수 있다. 이는
일찍이 1471년의 「동래부산포지도」(東萊富山浦之圖)에서 나타난 종속개념,
하위요소의 부산포가 상위개념인 동래(東萊)의 우위를 점하게 된 현상을
시사하고 있다.

해양문화는 문화적 다양성과 개방성을 특성으로 하는 이동문화이다.
이동성을 특징으로 하는 해양문화는 대륙문화에 대하여 적극적인 자극을
제공한다. 양 문화의 가치관은 탄력적이며 자유로워야 하나 역사 속에서
는 충돌을 회피하지 않을 수 없었다. 양자 부정적인 상관관계를 고유한 에
너지원으로 재생해야만 했다.

향후 부산의 정체성을 구성하는 해양문화와 대륙문화의 접점이라는 지
역공동체의 '시·공간의 재구성'이라는 통섭 과정에 주력해야 할 것이다.
해납백천(海納百川)이라 했듯이 바다가 모든 하천을 받아들이듯 부산의 수
용과 발전의 이유를 해양문화와 대륙문화의 교차를 통하여 파악할 수 있
다. 부산은 타자 수용에 대한 적극적인 공간이었다. 국내적으로 조선시대

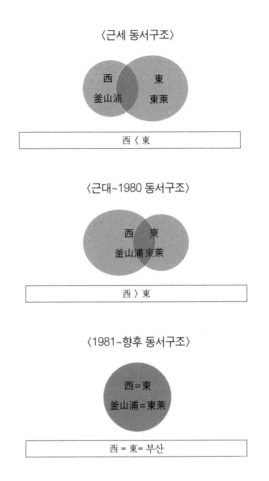

〈근세 동서구조〉

西〈 東

〈근대~1980 동서구조〉

西 〉 東

〈1981~향후 동서구조〉

西 = 東= 부산

까지 전국을 개방하여 동래부(東萊府) 및 주변 지역을 중심으로 대륙문화
를 발전시켰고, 대외적으로 1407년부터 1876년에 이르기까지 약 470년간
배려한 왜관의 설치가 그 대표적인 실례임을 반증하고 있다.

그러나 1876년 강화도조약으로 인하여 타의적 개항 이후 동래부를 대신
하여 부산포(釜山浦)를 중심으로 한 급격한 변모 이후 1945년 광복을 맞이
하기까지 '통신(通信)'의 배려를 저버린 제국주의의 또 다른 이름으로서
'통상(通商)'의 연장선에서 또 다른 차원의 70년 간의 시간을 보내야만 했
다. 해양문화와 대륙문화 속에서 또한 앞으로의 한국과 앞으로의 일본은

종속과 우열이라는 개념에서 벗어나야 한다. 상호 존중하는 자아를 바탕으로 타자배려가 필요하다. 결국 자아를 통한 타자배려가 해양문화와 대륙문화의 접점을 이루어 평화를 성립시키는 지름길이기 때문이다.

| 참고문헌 |

강길부. 『땅이름 국토사랑』. 집문당, 1997.

김기빈. 『600년 서울·땅 이름 이야기』. 살림터, 1993.

_____. 『일제에 빼앗긴 땅 이름을 찾아서』. 살림터, 1995.

_____. 『역사와 지명』. 살림터, 1996.

김준우. 『국가와 도시』. 전남대학교 출판부, 2007.

남 옥 지음, 김보경 옮김. 『붓끝으로 부사산 바람을 가르다』. 소명, 2006.

부산광역시청 등 16개 자치군구 홈페이지.

부산대학교 민족문화연구소 편. 『부산의 역사와 문화』. 부산대학교출판부,
        1998.

부산광역시 시사편찬위원회. 『부산지명총람 제6권-연제구, 수영구, 사상구
        편』. 2000.

성기옥 외. 『조선 후기 지식인의 일상과 문화(이화 한국학총서 1)』. 이화여대
        출판부, 2007.

성대중 지음, 홍학희 옮김. 『부사산 비파호를 날 듯이 건너』. 소명, 2006.

원중거 지음, 박재금 옮김. 『와신상담의 마음으로 일본을 기록하다』. 소명,
        2006.

이어령. 『일본문화와 상인정신』. 문학사상사, 2003.

임성원.『미학 부산을 가다』. 산지니, 2008.

조갑상.『한국소설에 나타난 부산의 의미』. 한국문학도서관, 2008.

최민자.『통섭의 기술』. 모시는 사람들, 2010.

김양수. "조선후기 역관(譯官)의 중개무역과 왜관유지비." 역사실학회, 2007.

심민정. "18세기 왜관에서의 왜사(倭使) 접대음식 준비와 양상." 부산경남사학
　　　회, 2008.

이근열. 〈부산지명총람〉 지명해석오류연구. 우리말학회. 우리말연구, 2007.

＿＿＿.『부산 동래 지역 고개 말밑 연구』. 우리말학회. 우리말연구, 2008.

高橋章之助.『宗家と朝鮮』. 京城・北内印刷所, 1920.

武田勝蔵.「日鮮貿易史上の三浦と和館」.『史学』1-3. 1922.

田代和生.「釜山倭館の設置と機能」.『近世日朝通交貿易史の研究』. 創文社,
　　　1981.

金義煥.「釜山倭館貿易の研究」.『朝鮮学報』第127号. 1988.

金在勝.「絶影島倭館の存続期間」.『東西史学』第6/7号. 韓国東西史学会, 2000.

:: **필자 소개** (원고 게재 순)

❖ 이인배

- **현 |** 대통령실 외교안보수석실 선임행정관
  학력 및 경력
    중앙대학교 박사(국제정치 전공)
    외교부 외교안보연구원 선임연구원, (재)여의도연구소 연구위원(통일외
    교안보팀), 중앙대학교 강사(전쟁과 평화, 국가안보와 정보, 국제평화
    와 안보론 등 강의) 등 역임

❖ 김태완

- **현 |** 동의대학교 정치외교학과 학과장
  학력 및 경력
    미국 콜로라도대학교 정치학(국제정치) 박사
    미국 아메리칸대학교 Professional Lecturer(2005) 및 아시아연구
    소 연구위원(2005~현재), 중국 칭화대학교 국제문제연구소 방문학자
    (2004)
  저서 및 논문
    공저『쟁점으로 본 동아시아 협력과 갈등』(오름, 2008)
    역서『중국의 외교정책: 미시-거시 연계접근분석』(오름, 2001)

❖ 이윤식

- 현 | 통일연구원 프로젝트 연구위원

  학력 및 경력

  고려대학교 대학원 졸/정치학 박사

  저서 및 논문

  "탈냉전기 북한 대미전략의 다차원적 요인 분석" (고려대, 2009)

  공저, 『새로운 북한정치의 이해』 (경성대 출판부, 2007)

  공저, 『통일대계연구: 통일환경평가』 (통일연구원, 2011)

❖ 금성근

- 현 | 부산발전연구원 선임연구위원

  학력 및 경력

  부산대학교 경제학과 학사(1983)

  부산대학교 일반대학원 경제학과 석사(1985)

  큐슈대학 연구생(경제연구과, 1991.10~1992.3)

  부산대학교 일반대학원 경제학과 박사(2008)

  시모노세끼시립대 비상임강사(2004~2007, 한국경제론)

  동남개발연구원(현 부산발전연구원) 선임연구원(1992)－선임연구위원(현재)

  부산발전연구원 경제산업연구부장, 지식경제본부장 등 역임

  부산영상위원회 운영위원(1999~현재)

  후쿠오카아시아도시연구소 객원연구원(2007)

  九州經濟調査協會 연구위원(비상임, 2004~현재)

  부산－후쿠오카 경제협력협의회 간사회 위원(2008~2009)

  동남광역경제권발전위원회 위원(2009~현재)

  지역발전위원회 평가자문단 위원(2009~현재)

저서 및 논문

「부산-후쿠오카간 산업결합 가능성 조사연구」(부산발전연구원, 2000)

"Inter-City Networking Strategy in the Yellow Sea Sub-Region"(공동연구) (KRIHS, 2000)

"부산-후쿠오카의 동북아 핵심경제권 형성방안"(부산발전연구원, 2008)

"부산·후쿠오카 초광역경제권 형성촉진에 관한 연구"(부산광역시, 2010) 등

❖ **김한권**

• 현 | 칭화대학교 연구원

학력 및 경력

미국 코네티컷주립대학교(Univ. of Connecticut at Storrs) B.A.(정치학) M.P.A.(Master of Public Affairs) 취득

American Univ.의 School of International Service(SIS) 국제관계학(International Relations) 박사학위 취득

중국 칭화대학교(淸華大學) 공공관리학원(公共管理學院) 내 국제 전략과 발전 연구소(國際战略与发展研究所) Post-Doctor 과정 수료, 이후 동연구소 연구원으로 재직

저서 및 논문

"Japanese History Textbook Issues in Sino-Japanese Relationship"

"The Multilateral Economic Cooperation for Tumen River Area and China's Leadership" 등

❖ **안수현**

- 현 | 국제지역통상연구원 연구위원

  학력 및 경력

  한국하이쿠연구원 연구교수

  부산대 일본연구소 전임연구원

  부산외대 아시아지역연구소 전임연구원

  부경대 국제지역연구소 책임연구원

  경성대 인문과학연구소 연구위원

  저서 및 논문

  『세계 변화 속의 갈등과 분쟁-감추어진 또 다른 일본인』(세종출판사,
  2008)

  "화투를 통해 본 일본인의 자연관"(2003)

  『每月抄』における「歌の心」をめぐって(2004)